Königs Erläuterungen und Materialien
Band 299

Erläuterungen zu

Wolfgang Borchert

Draußen vor der Tür

von Reiner Poppe

Bange Verlag

Über den Autor dieser Erläuterung:

Reiner Poppe: Studium der Anglistik, Romanistik und Germanistik. Unterrichtstätigkeit im In- und Ausland.
Postgraduiertenstudium im Fachbereich Erziehungswissenschaften und „Interkulturelle Studien".
Langjährige Sonderaufgaben in der Lehrerausbildung und -fortbildung. Über viele Jahre mit der Leitung eines schulübergreifenden Projekts zur sprachlichen Integration von Jugendlichen mit Migrationshintergrund in Leverkusen (NRW) beauftragt.
Zahlreiche unterrichtsbezogene Veröffentlichungen zur amerikanischen, englischen und deutschen Literatur.

1. Auflage 2003
ISBN 3-8044-1804-X

Titelabbildung: Wolfgang Borchert
Druck und Weiterverarbeitung: Tiskárna Akcent, Vimperk

Vorwort

Wolfgang Borchert starb vor 56 Jahren kurz nach dem Ende des Zweiten Weltkrieges. Dokumentationen über die Jahre des Grauens bewegen immer wieder unsere Gegenwart. Wolfgang Borchert durchlitt als junger Mann die Kriegsjahre mit Millionen und Abermillionen anderer. Als das Chaos zu Ende war, kam er todkrank und in seiner Seele zutiefst verwundet nach Hause zurück. Für ihn gab es nur ein Motto, das er auf einzigartige Weise literarisch manifestierte: „Nie wieder Krieg!"

Zumindest in unserem Lande hat sich der Friede halten lassen, oft nur durch kunstvolle Balance-Akte der hohen Diplomatie. In anderen Teilen der Welt nicht, und oft genug hat es in der Vergangenheit danach ausgesehen, als hätte man sich vielerorts die Gräuel und Schrecken zum Vorbild genommen, um sie wieder auferstehen zu lassen, allen Mahnern des Friedens zum Trotz. Es ist uns deshalb ein besonderes Bedürfnis, unseren Band mit Erläuterungen und Materialien zu Wolfgang Borcherts einzigem und weltberühmtem Drama *Draußen vor der Tür* neu gestaltet vorzulegen. Wir hoffen und wünschen uns, dass er den jugendlichen Leser erreicht und berührt. Wo, wenn nicht in der Kindheit und Jugend, wird der Grundstein für Lebenseinstellungen von Menschen gelegt! Schule als ein Baustein auf diesem Weg, in ihr auch der Literaturunterricht, kann mithelfen, dahingehend Leitlinien zu geben und Wegezeichen zu setzen. Wir wissen allerdings auch, wie eingeschränkt die Reichweite von Schule, erst recht die von „Literatur über Literatur" ist. Dennoch mögen die Leser unserer kleinen Verstehens- und Arbeitshilfe unsere Absicht (an-)erkennen.

Wolfgang Borchert wird gegenwärtig im Unterricht weit weniger häufig gelesen als in den ersten drei Jahrzehnten nach dem Krieg. Dennoch erweist sich der Umgang mit seinen Kurzgeschichten und mit dem aufrüttelnden Kriegsheimkehrerdrama *Draußen vor der Tür* immer wieder als interessant und diskussionsergiebig. Bei geschicktem methodischem Arrangement stellen sich nach unseren Erfahrungen stets auch erfreuliche „Lernergebnisse" ein. Wer sich als Lernender erstmals mit Borcherts Drama konfrontiert sieht, wird überrascht sein, wie modern es auch heute noch ist, mit all seinen Schwächen, die ihm vorgeworfen worden sind. (⟶ 2.1; 2.7; 4.; 5.) Es packt aber auch diejenigen neu, die sich nach längerer Zeit wieder einmal mit ihm beschäftigen.
Dieser Band ist nahezu allein auf das Bühnenstück fokussiert. Auf das erzählerische und lyrische Werk wird lediglich begleitend eingegangen. (⟶ 1.3; 2.6) Bei der Analyse und Interpretation des Dramas selbst ist es uns wichtig, auch das Entstehungsumfeld ausführlich darzustellen. Borcherts Leben, so soll deutlich werden, führte ihn beinahe zwangsläufig zum Schreiben eines solchen Werkes. (⟶ 1.1–1.3; 2.1) In der Summe geht es uns darum, Borcherts Stellung in und seinen Beitrag zu der neuen deutschen Literatur nach 1945 aufzuzeigen. (⟶ 2.6; 2.7; 4.; 5.)
Die Themen und Aufgaben dienen als Vorschläge und Anregungen für die Unterrichtsarbeit oder das außerschulische Lernen. Sie sind in ihrem Anspruch auf Abschlussklassen der Sekundarstufe I zugeschnitten. In ihnen geht es auch um Aufgabenvorschläge, die sich im Sinne eines „produktionsorientierten Lernens" von geläufigen Aufgabenmustern entfernen. (⟶ 3.)
Im rezeptionsbezogenen Abschnitt unserer Verstehenshilfe haben wir kritisch-würdigende Stimmen zu Borcherts Ge-

samtwerk und repräsentative Bühnenrezensionen zusammengestellt. Sie sollen dem (jungen) Leser helfen, das eigene Urteil zu schärfen. In ihnen wird das in den voraufgegangenen Teilkapiteln Erläuterte gewissermaßen in einen erweiterten Verstehenshorizont gerückt. (⟶ 4.)
In zwei Teile gliedert sich auch der Abschnitt „Materialien": in solche, die geschichtliche bzw. zeitbezogene Informationen liefern, und in andere, die eng textbezogen bleiben. Dadurch soll der Leser die Möglichkeit erhalten, das Gelesene nunmehr summarisch zu verorten. (⟶ 5.)
Mit der angegebenen Literatur gehen wir weit über das hinaus, was zum Verstehen des Dramas erforderlich ist. Wir haben jedoch die Hoffnung, damit zum eigenständigen Weiterlesen in der einen oder anderen Richtung anzustoßen. Auch wenn es sich bei Borcherts Stück nicht nur um eine vergnügliche Lektüre handelt, wünschen wir im oben angesprochenen Sinne Erfolg, Freude und Erkenntnisgewinn.

Reiner Poppe

1. Wolfgang Borchert: Leben und Werk

1.1 Biografie

Jahr	Ort	Ereignis	Alter
1921	Hamburg	Wolfgang Borchert wird am 20. Mai geboren. Vater: Volksschullehrer; Mutter: Schriftstellerin	
1928	Hamburg	Besuch der Volksschule Erstes deutliches Auftreten der Nazis (SA). Die NSDAP erhält 37,8 % aller Wählerstimmen.	7
1932	Hamburg (Eppendorf)	Wechsel zur Oberrealschule	11
1938	Hamburg	Borchert verlässt die Schule nach der 11. Klasse. Erste Gedichte erscheinen. Vorbilder: Rilke und Hölderlin „Reichskristallnacht"	17
1939	Hamburg	Beginn einer Lehre als Buchhändler. Ernsthafte Vorbereitung auf eine Karriere als Schauspieler; Schauspielunterricht bei Helmut Gmelin Beginn des Zweiten Weltkrieges mit Hitlers Überfall auf Polen	18

Jahr	Ort	Ereignis	Alter
1940	Hamburg	Erster Zusammenstoß mit dem Nazi-Regime (Gestapo); Borchert legt seine Schauspielerprüfung ab. Westfeldzug Hitlers	19
1941	Lüneburg	Engagement an der „Landesbühne Osthannover"; Unterbrechung der begonnenen Theaterarbeit durch Kriegseinsatz, zunächst bei einer Nachrichten-Ersatz-Abteilung in Weimar (Juli); vier Monate später an der Ostfront	20
	Russland	Ostoffensive mit Hitlers vergeblichem Versuch, Moskau einzunehmen	
1942	Russland Schwabach Nürnberg Saalfeld Jena	Gelbsuchterkrankung mit anschließendem Genesungsurlaub nach einer Kriegsverwundung (Verlust eines Fingers); erneute Verhaftung und Verurteilung wegen (angeblicher) „Wehrkraftzersetzung"; erneuter Einsatz an der Ostfront. Fleckfieber, nicht mehr kriegsverwendungsfähig.	21
	Russland	Schlacht um Stalingrad	
1943	Smolensk Elend/Harz Hamburg Kassel	Borchert wird in das Seuchenlazarett Smolensk eingeliefert und dann nach Deutschland transportiert. Entlassung aus	22

Jahr	Ort	Ereignis	Alter
		der Armee wegen Kriegsuntauglichkeit; – Urlaub in Hamburg mit Kabarettauftritten. Denunziation und Verhaftung (wegen einer Parodie auf Goebbels) Hamburg unter schweren Luftangriffen	
1944	Berlin-Moabit Jena	Borchert muss eine neunmonatige Haftstrafe im Gefängnis von Berlin-M. antreten; er wird trotz seines schlechten Gesundheitszustandes auf einen Fronteinsatz zur „Feindbewährung" vorbereitet. Invasion der Alliierten in der Normandie	23
1945	Frankfurt a. M. Hamburg	In französischer Gefangenschaft. Flucht nach Hamburg. Bühnenauftritte. Mitbegründer des Kellertheaters „Die Komödie"; Regieassistent am Hamburger Schauspielhaus. Aufgabe der Arbeit wegen zu starker gesundheitlicher Probleme. – Im Dezember wird Borchert gezwungen, die meiste Zeit im Bett zu bleiben. Eroberung der deutschen Ostgebiete durch die Sowjets.	24

Jahr	Ort	Ereignis	Alter
		Massenflucht der Deutschen in den Westen. – Am 7. Mai bedingungslose deutsche Kapitulation, nachdem Hitler am 30. April Selbstmord begangen und sich damit der Verantwortung entzogen hat.	
1946	Hamburg	Borchert muss ins Krankenhaus (Elisabeth-K.); dort entstehen trotz seines schweren Leidens Teile seines schriftstellerischen Werkes. Im April wird Borchert nach Hause entlassen. Sein Zustand ist hoffnungslos.	25
		Zonenbeiräte ins Leben gerufen; Umerziehung der Deutschen durch die Alliierten, 1945 begonnen, wird fortgesetzt. – „Nürnberger Prozesse" gegen die Nazis als Kriegsverbrecher	
1947	Hamburg	Wolfgang Borchert schreibt sein Hörspiel/Drama *Draußen vor der Tür* und 22 neue Erzählungen. Im Frühjahr erscheint *Die Hundeblume*, Borchterts erste Sammlung von Prosatexten. Am 13. Februar sendet der NWDR Hamburg das Hörspiel *Draußen vor*	26

Jahr	Ort	Ereignis	Alter
	Basel	*der Tür*. – Ende September Reise in die Schweiz in der Hoffnung, dass sein Leben sich verlängern lässt. – Er stirbt am 20. November im Baseler Clara-Hospital. – Uraufführung von *Draußen vor der Tür* einen Tag nach seinem Tod am 21. November in den Hamburger Kammerspielen. – Trauerfeier am 24. November in Basel. Kurz nach seinem Tod erscheint im November die Prosasammlung *An diesem Dienstag*.	
		Marshall-Plan zum Wiederaufbau Europas und Deutschlands	
1948	Hamburg	Wolfgang Borcherts Urne wird auf dem Ohlsdorfer Friedhof in Hamburg beigesetzt.	
1962		Peter Rühmkorf gibt die Prosasammlung *Die traurigen Geranien und andere Geschichten aus dem Nachlass* Borcherts heraus.	

1.2 Zeitgeschichtlicher Hintergrund

Wolfgang Borcherts kurzes Leben umspannte gerade einmal zweieinhalb Jahrzehnte. Als er geboren wurde, waren die Auswirkungen des Ersten Weltkrieges (1914–18) noch überall spürbar. Als er starb, begann Deutschland sich von den Folgen des Zweiten Weltkrieges (1939–1945) zu erholen. Dazwischen: Inflation, Weltwirtschaftskrise, Nazi-Pomp und Nazi-Terror bis zum Untergang.

Schließt man die Augen und lässt die Daten seines Lebens an sich vorüberziehen, so entsteht ein Bild von Aufbruch und Abbruch, von Ungeregeltheit und Gedrängtsein, von Hektik und Ausweglosigkeit. Seltene Phasen der Beruhigung nur, des Sich-Zurücklehnens, der Entspannung, des Lebensglücks. Vielleicht war es zu sehr versteckt in einem so kurzen Leben. Und doch schien es vorhanden gewesen zu sein: einige Jahre des unbeschwerten Übermuts und der Jugendstreiche; glückliche Momente wohl auch in den Jahren seines Wanderschauspieler-Daseins, trotz aller Einschränkungen und Entbehrungen, bei seinem Mitwirken an der Gründung des Theaters „Die Komödie" (November–Dezember 1945), an deren weiterer Ausgestaltung er nicht mehr teilhaben konnte, wie es ihm auch nicht vergönnt war, die Stelle als Regieassistent bei Helmut Gmelin am Hamburger Schauspielhaus auszubauen.[1] Der weitaus größte Teil seines Lebens war Leiden, waren Ungerechtigkeit

Ein kurzes Leben voller Entbehrungen und Leid

1) Helmut Gmelin, Borcherts Theaterlehrer 1939/40, hatte dessen Theater-Begabung erkannt. Aber nicht nur die Gewissheit, einen kompetenten und radikalen Neuerer für die eigene Bühnenarbeit an seiner Seite zu haben, mochte Gmelins Entscheidung in erster Linie beeinflusst haben. – Gmelin wusste aus eigener leidvoller Erfahrung, was Borchert durchgemacht hatte. Anders als ‚Beckmann' erhielt Wolfgang Borchert seine Chance.

und Krankheit, war das Elend des Krieges, der ihn und Millionen anderer um die Jugend betrog, waren schließlich die Schmerzen und Qualen, die sein Sterben begleiteten.
Wolfgang Borchert hatte den Krieg überstanden. Er war zurückgekommen von den Schlachtfeldern des Ostens, als Hitler vergeblich versucht hatte, Moskau zu erobern und das von ihm so gehasste bolschewistische Russland zu vernichten.[2] Borchert hatte das Seuchenlazarett von Smolensk überstanden, ebenso die langen Monate der Haft in Berlin. Die Flucht aus französischer Gefangenschaft hatte er überlebt, auch alle Schrecken und Ängste an der Front, alle Qualen durch seine Krankheit. Seit 1943 mochte er den Tod in sich getragen haben, zwei Jahre später waren seine Kräfte verbraucht. Aus der durch Großzügigkeit und Engagement von Freunden und Gönnern ermöglichten Genesungsfahrt in die Schweiz wurde eine Reise ohne Wiederkehr.[3]

Der Erste Weltkrieg hatte ca. acht Millionen Menschen das Leben gekostet und die Weltkarte in größerem Maßstab verändert, als das den meisten bewusst war. Ganze Monarchien (Deutschland, Österreich, Russland) waren verschwunden, und Europa hatte auch politisch ein neues Gesicht.

2) Eine der Grundthesen Hitlers war, im Osten Lebensraum für das deutsche Volk schaffen zu müssen. Seine Maßlosigkeit und sein Fanatismus, dieses Ziel mit allen Mitteln erreichen zu wollen und dabei den Bolschewismus auszurotten, steigerte sich im Verlaufe des Krieges zur Wahnidee. – Vgl. Rainer Zitelmann: *Adolf Hitler*, S. 153 ff.

3) Wolfgang Borchert erfreute sich der Zuneigung sehr vieler Menschen. Nur ganz wenige konnten ihm bis zuletzt nahe sein. Für Borcherts Reise in die Schweiz, von der nicht nur dieser sich Aufschub der Krankheit und Erholung erhoffte, sorgten u. a. die Verleger Goverts, Oprecht, Rowohlt und der Chefdramaturg der Hörspielabteilung des Hamburger Senders, Ernst Schnabel.

Europa, 1920 – Europäische Staaten schließen Frieden[4]

Die am Weltkrieg beteiligten Mächte schließen Friedensverträge: Am 4. Juni Ungarn und die Tschechoslowakei in Trianon; am 10. August das Osmanische Reich und die Alliierten in Sèvres; am 12. November Italien und Jugoslawien in Rapallo; Russland und Polen schließen am 12. Oktober einen Waffenstillstand.
Durch die Friedensverträge ergeben sich zum Teil erhebliche Grenzverschiebungen. Ungarn verliert zwei Drittel seines Gebietes. (...) Das Osmanische Reich wird zum Verzicht auf alle Gebiete außerhalb Kleinasiens gezwungen. (...) Italien und Jugoslawien regeln ihre seit langem andauernden Grenzschwierigkeiten. (...) Zwischen Russland und Polen ist im März ein neuer Krieg ausgebrochen.

Deutsches Reich, 8. 3. 1921
Alliierte bestehen auf Reparationsforderungen

Der Streit um die deutschen Reparationsleistungen, die von den Alliierten als Ausgleich für ihre Kriegskosten und als Wiedergutmachung für die von deutschen Truppen angerichteten Schäden gefordert werden, spitzt sich zu. (...) Die insbesondere von Frankreich vertretene These von der deutschen Alleinschuld am Ersten Weltkrieg und die Frage der Reparationen belasten nicht nur das Verhältnis zwischen Deutschland und den Siegermächten, sondern auch die wirtschaftliche und politische Lage in Deutschland.

4) Textauszüge und Daten aus: *2000 Jahre. Chronik der Weltgeschichte*, S. 549 ff.

Die deutsche Bevölkerung litt, wie schon im Krieg, naturgemäß am meisten unter den Einschränkungen und Entbehrungen. Der Gürtel musste enger geschnallt werden. Wohlstand beschränkte sich auf wenige. Auch die Borcherts gehörten nicht zu den Bevorzugten im Lande.

Leben zwischen den Kriegen – Aufruhr in der Welt

Dem verlorenen Krieg und den mühsamen Versuchen, Boden unter den Füßen zu behalten, folgte knapp acht Jahre später – Wolfgang Borchert war da gerade eingeschult – ein weltweiter Versorgungsnotstand, die „Weltwirtschaftskrise", ausgelöst durch den New Yorker „Schwarzen Dienstag", als die Aktienkurse an der größten Börse der Welt einbrachen und in allen Ländern der Welt für Panik sorgten.[5] Abermals war Deutschland der Hauptbetroffene, denn ein großer Schuldenberg war gegenüber den USA noch abzutragen.[6] Die deutsche Wirtschaft brach ein, und die Zahl der Arbeitslosen schnellte in die Höhe, auf mehr als drei Millionen.

Im Jahr 1931 erreichte die Weltwirtschaftskrise einen weiteren Höhepunkt, als auch die österreichische „Credit-Bank" zusammenbrach mit Auswirkungen auf ganz Europa in allen Lebensbereichen. Überall waren Menschen ohne Arbeit. Die Regierungen der Staaten konnten nur unzureichende Unterstützung gewährleisten. Das soziale Elend wuchs. Als in Deutschland die Zahl der Arbeitslosen im Jahr 1932 die Sechs-Millionen-Grenze überschritten hatte, schlug die Stunde Adolf Hitlers und die seiner Partei, der Nationalsozialistischen Deutschen Arbeiterpartei (NSDAP). Innerhalb kurzer Zeit gewann Hitler durch zukunftsverheißende Aufbauleistungen das Vertrauen der deutschen Bevölkerung. Es dauerte aber kein Jahr, bis den kritischen und wachen Kräften im

5) Der 29. Oktober 1929 ist als der „schwarze Dienstag" in die Weltgeschichte eingegangen.

6) Um den Wiederaufbau Deutschlands zu unterstützen, hatten die USA Millionenkredite gewährt.

Lande klar war, welchen Kurs Hitlers Politik nahm. Alle Aufbauarbeit im „Dritten Reich" diente der Vorbereitung von Eroberungs- und Unterwerfungskriegen, mit denen der „Führer" sich zum „größten Feldherrn aller Zeiten" aufschwingen und sich ein für allemal auch der Juden in Europa entledigen wollte, Pläne eines ebenso kranken wie verbrecherischen Hirns.[7]

Hitlers Machtübernahme – der Anfang vom Ende

Bereits 1933 begann der Exodus der Verfolgten. Viele Künstler, Schriftsteller und Wissenschaftler verließen Deutschland, um im ausländischen Exil vor dem Zugriff der Nazis sicher zu sein.[8] Das wurde jedoch immer schwieriger, zumal die Exulanten systematisch von ihrem Besitz in der Heimat, ihren Familienangehörigen und ihrem Vermögen abgeschnitten wurden. Die Welt aber sah tatenlos zu, wie Hitler zum Krieg rüstete, obwohl die Großmächte genau erkannten, dass Hitler alle in den Abgrund führen würde.[9]

Hier begann auch das persönliche Elend Wolfgang Bocherts, der, obwohl erst 12 Jahre alt, unausweichlich in die Fänge der Nazis geriet, ohne dass es für ihn eine Möglichkeit gegeben hätte, sich dagegen erfolgreich zu wehren. Er war noch ein Kind, als die innere Zerstörung Deutschlands durch die

---

7) Unter den neueren Hitler-Darstellungen möchten wir die von Thomas Fuchs sehr empfehlen. Der Autor stellt darin in kurzen Kapiteln konkret und anschaulich den ‚Alltagsmenschen' Hitler mit all seinen krankhaften Besonderheiten dar (⟶ Literatur)

8) Frankreich, die Schweiz und die USA waren die Exilländer, in denen sich ein Teil der geistigen Elite Deutschlands schon kurz nach Hitlers Machtübernahme wiederfand. Allein im südfranzösischen Sanary-sur-Mer wimmelte es von berühmten deutschen Schriftstellern. Es hielten sich dort u. a. B. Brecht, L. Feuchtwanger, H. Mann, Th. Mann, L. Marcuse und F. Werfel auf. – Vgl. Manfred Flügge: *Wider Willen im Paradies*, Berlin, 1996 (⟶ Literatur)

9) Ebenso ohnmächtig wie verzweifelt notierte Stefan Zweig (1881–1942), selber ein Opfer durch die Naziverfolgungen (er beging 1942 in Brasilien Selbstmord) bereits 1935: „Schande über Europa, Schande über unser ganzes Geschlecht, dass wir so demütig warten und fragen, statt selbst mit der Waffe der Vernunft der Menschheit ein besseres Schicksal zu gestalten!" – Vgl. Stefan Zweig: *Tagebücher*, S. 390.

Nazis begann, ein junger Mann von 19 Jahren, als er das erste Mal ganz persönlich von den Schergen Hitlers festgesetzt und verhört wurde. Jetzt war er für die Nazis kein Namenloser mehr, und sie behielten ihn in ihrem Visier. Als er sich geistig, weltanschaulich und künstlerisch immer bewusster, lauter und mutiger in Opposition zum herrschenden System begab, suchten die Nazis ihn mit ihren Methoden der Verfolgung, Erniedrigung, Einschüchterung, des Terrors und mit lebensverachtenden Einsatzbefehlen an der Front unschädlich zu machen. Für Borchert gab es kein Exil, nur die kleine Flucht in die Freiheit der Gedanken. Mit dem Untergang Hitlers und Deutschlands hörte die Welt nicht auf zu brennen, Borchert konnte jedoch, obwohl von einer grauenhaften Ruinenlandschaft umgeben, noch einmal für kurze Zeit seine Künstlerexistenz verwirklichen.
Das Deutsche Reich, das nach dem Willen Adolf Hitlers „das Tausendjährige" werden sollte, brach nach nur zwölf Jahren der Gewalt- und Willkürherrschaft zusammen. Das Auferstehen aus den Ruinen war für diejenigen, die diese zwölf Jahre überstanden hatten, sehr schmerzhaft, entbehrungsreich und mühsam.[10]
Die Worte Wolfgang Borcherts, mit denen er in den letzten beiden Jahren seines Lebens den Menschen Wege aus den Trümmern finden half und zur Absage an jeden Krieg aufrief, dürfen von keiner Generation überhört werden: „Sag NEIN!" (vgl. W. B., *Das Gesamtwerk*, S. 318–321)

10) Das deutsche Nachkriegeselend ist in unübersehbar vielen Büchern und Filmen dokumentiert und dargestellt worden. – Zu einer schnellen Orientierung über die literarische Aufarbeitung dieses Teils unserer geschichtlichen Vergangenheit empfehlen wir die Beiträge von H. L. Arnold und H. E./ E. Frenzel (→ Literatur).

Deutschland 1933–1945

1933	Hitler wird von Reichspräsident von Hindenburg zum Reichskanzler ernannt. Errichtung von nationalsozialistischen Konzentrationslagern. Ermächtigungsgesetz. Erste antisemitische Ausschreitungen in deutschen Städten.
1934	„Heimtückegesetz" zum Schutz der Nazis; auch auf Borchert wurde dieses Gesetz angewendet, um ihn schuldig zu sprechen.
1935	„Nürnberger Gesetze" (Gesetze zur Erhaltung rein arischen Blutes).
1936	Einmarsch deutscher Truppen in das entmilitarisierte Rheinland.
1938	„Anschluss" Österreichs an das Deutsche Reich. Schwere Ausschreitungen gegen Juden. Deutsche Truppen marschieren in das Sudetenland ein.
1939	Überfall auf Polen; Beginn des Zweiten Weltkrieges. Arbeitsdienst für junge Frauen im Reich.
1940	Besetzung der neutralen Länder Dänemark und Norwegen. Einmarsch in Belgien, Holland und Frankreich. Deutsche Luftangriffe auf Coventry und London. Beginn der Bombardierung deutscher Großstädte durch die Royal Air Force.
1941	General Rommel erfolgreich in Nordafrika gegen die Briten.

	Die USA unterstützen finanziell die Anti-Hitler-Koalition.
	Hitler greift die UdSSR an.
	Japans Überfall auf den US-Stützpunkt Pearl Harbour.
	Die USA greifen nunmehr entscheidend in das Kriegsgeschehen ein.
1942	General Paulus' große 6. Armee in Stalingrad eingeschlossen; Aufgabe der Stadt 1943.
	Systematische Ermordung der Juden in großer Zahl.
1943	Hitlers Befehl der „Verbrannten Erde" in Russland
	Widerstand der „Weißen Rose" (Geschwister Scholl in München).
1944	Landung der Alliierten in der Normandie.
	Attentat auf Hitler („20. Juli") gescheitert.
	Hitler setzt Raketen gegen England ein (V 1, V 2).
1945	Die deutschen Städte Nürnberg, Dresden, Würzburg, Hildesheim und Münster durch alliierte Luftangriffe schwer zerstört.
	Hitlers Selbstmord am 30. April.
	Bedingungslose deutsche Kapitulation am 7. Mai.

1.3 Angaben und Erläuterungen zu wesentlichen Werken

Wolfgang Borchert schrieb mit starkem Willen gegen die Schmerzen und den Tod an.
In der kurzen Zeit, die ihm nach seiner Rückkehr in das zerstörte Hamburg noch blieb, vollendete er sein schmales literarisches Lebenswerk. Es setzt sich aus einem Gedichtband (*Laterne, Nacht und Sterne*), zwei Erzählbänden (*Die Hundeblume – An diesem Dienstag*), dem Schauspiel *Draußen vor der Tür* und zwei nachgelassenen Textsammlungen (*Nachgelassene Gedichte – Nachgelassene Erzählungen*) zusammen. Sie werden ergänzt durch den Band *Traurige Geranien und andere Geschichten aus dem Nachlass* (1962), der u. a. die beiden bekannten Erzählungen *Die Kirschen* und *Das Holz für morgen* enthält. (→ **2.6**) In größter Bedrängnis und in lebensschwindender Eile geschrieben, zeigt Borcherts Werk eine eigenartige fragmentarische Vollkommenheit, die immer wieder Staunen und Bewunderung auslöst.
Eigentlich hatte in Borcherts Jugend nichts darauf hingedeutet, dass er einmal als ‚Dichter' berühmt werden würde. Einige nicht verheißungsvolle Gedichte und Erzählungen aus den frühen Jahren, angeregt durch ein literaturbewusstes Elternhaus (Borcherts Mutter war selbst schriftstellerisch tätig; sein Vater war Lehrer), erprobt in der unbändigen Lust am dichterischen Wort; freilich nichts wirklich Vielversprechendes oder auffallend Originelles. Auch während seiner Buchhändlerlehrzeit entstand nichts an überwältigender Dichtung aus seiner Feder. Seine Liebe galt vor allem dem vorgetragenen Wort, das unterschied ihn von vielen anderen Literaturenthusiasten. Er suchte das „Feed-back" eines Publikums.

Dichterträume

Schauspieler zu sein – dies war der eigentliche Impuls Borcherts, sich mit Dichtung zu befassen und eigene Texte zu schreiben. Borchert wollte Rollen verkörpern und Sprache hörbar machen. „Ihn verlangte", wie Bernhard Meyer-Marwitz Borcherts Drang zu mitgeteilter Dichtung empfand, „nach der Magie des Klanges."[11]

Einzelne Erzählungen Borcherts sind klassische ‚Lesebuchtexte' geworden – *Die Hundeblume*, *Die drei dunklen Könige*, *Die Küchenuhr* oder *Nachts schlafen die Ratten doch*. Sie gelten als ‚Mustertexte', an denen die für Borcherts Erzählwerk typischen Sprach- und Stilmerkmale am eindrucksvollsten nachgewiesen werden können: Ausschnitthaftigkeit, Kargheit, scharfe Pointierung von Situationen, Symbolik, prägnante Rhythmisierung, Kontrastierung.[12] (⟶ **2.6**) Mehr noch als mit diesen weist sich Borchert jedoch mit seinem Drama *Draußen vor der Tür* als einer der literarischen Wortführer nach 1945 aus. Das lässt die Vermutung aufkommen, dass man seine Lyrik vernachlässigen könne. Damit täte man Borchert jedoch Unrecht. Sie gehört zu seiner Entwicklung und zu seinem Werk wie das Drama und die Erzählungen. Darüber hinaus brächte man sich selbst um manch reizvolle Entdeckung. Darauf kommen wir weiter unten noch einmal zurück. (⟶ **2.6**)

Ein Dichter mit eigener Sprache

Als Ausdruck von Aufruhr und Ablehnung, als leidvollen Aufschrei erlebt der Leser einen Großteil der Erzählungen und Kurzgeschichten Borcherts. Sehr oft aber verdrängen Humor und eine sanfte, fast heitere Ironie die Bitterkeit und Illusionslosigkeit, die vordergründig die meisten seiner Texte beherrschen. Häufig genug machen Zärtlichkeit und eine

11) Bernhard Meyer-Marwitz: Nachwort, in: Wolfgang Borchert: *Das Gesamtwerk*, S. 339.
12) Vgl. dazu die Interpretationen in unserem älteren Band (1995).

intensive Zuneigung zum Menschen, eine anrührende Lebensbejahung und eine wunderbare Versöhnlichkeit Borcherts kurze Texte zu etwas ganz Besonderem, das seinesgleichen in der deutschen Nachkriegsliteratur sucht. Unübertroffen kommt dies alles in der Erzählung *Schischyphusch* zum Ausdruck. Eine große Innigkeit ist es in *Hamburg* und in *Die Elbe*; verhaltene Trauer und Bitterkeit in *Das Holz für morgen*. Jede Erzählung hat ihre eigene Stimmung, ihre besondere Atmosphäre, ihren unverwechselbaren ‚swing' und ‚sound'. Man muss Borcherts Erzählungen (und seine Gedichte) laut vortragen, sie drängen danach.

Wiederholung von Themen und Motiven

In Wolfgang Borcherts Dichtungen fällt die Wiederkehr einzelner Themen und Motive auf: Krieg und Tod, Heimat und Heimatlosigkeit, Kindheit und Erwachsenensein, Liebe und Leid, Schuld und Sühne. Sie bilden in seinem schmalen Werk gleichsam konzentrische Kreise, die sein Ich gefangen halten.

Mit einer geradezu zärtlichen Hingabe widmete Borchert dem Thema ‚Stadt' in seinen Gedichten und in seiner Prosa immer wieder Aufmerksamkeit. Natürlich ist es seine Stadt, Hamburg, die er bis in den Tod hinein liebte: die Alster, die Elbe, die Straßen, ihre Mädchen. Gewiss, schon das unzerstörte Hamburg war ein Moloch wie andere Großstädte auch, mehr noch die zerstörte und verstümmelte Stadt, aber für Borchert besaß sie genug Anheimelndes, das auch der Krieg nicht auslöschen konnte. Da sind die Schiffssirenen (*Hamburg*), graue Straßen und rote Dächer (*Das graurotgrüne Großstadtlied*), das wüste Meer von Stein (*Großstadt*), die Stadt – groß, grausam, gut (*Gespräch über den Dächern*), die graugrüne, große, gute Elbe (*Die Elbe*). Hamburg, die steinerne Kulisse, zerbombt und ausgebrannt, ist Schauplatz immer neuer kleiner Begebenheiten des Glücks und der Verzweiflung; die Stadt Hamburg: Lebenskaleidoskop mit ihren Vertrautheiten und Trost bringenden Geheimnissen. Borchert liebte Hamburg, und wie kaum ein anderer wurde er zum Dichter seiner Stadt.

Das beherrschende Thema seiner Dichtungen allerdings ist der Krieg. Borchert greift es in immer neuen Varianten auf: als Schilderung der Schreckensszenen von Tod und Verwüstung daheim und an der Front (*Die Kegelbahn, Vier Soldaten, Der viele, viele Schnee, Mein bleicher Bruder, An diesem Dienstag* u. a.), der trostlosen Leere in den Trümmerwüsten, nachdem alles vorüber war (*Und keiner weiß wohin, Von drüben nach drüben, Die Kirschen*), als Manifeste und Appelle gegen den Wahnsinn des Krieges (*Das ist unser Manifest*). Unter den Stimmen zum Krieg gab es in der jungen deutschen Literatur nach 1945 keine, die so eindringlich war wie die Wolfgang Borcherts.

„Krieg" als das beherrschende Thema

Texte, Themen und Motive ordnen sich bei Wolfgang Borchert zu einem dichterischen Kosmos, dem die Begriffe Hoffnung – Lebenszugewandtheit – Optimismus – Menschenliebe schlagwortartig zugeordnet werden können. Sie finden sich auch in seinem Drama *Draußen vor der Tür*, dort jedoch für den Kriegsheimkehrer Beckmann nur noch in einer fremden Wirklichkeit, in der es für ihn keinen Halt mehr gibt.

2. Textanalyse und -interpretation

2.1 Entstehung und Quellen

Wolfgang Borchert hat sein Stück *Draußen vor der Tür* in erstaunlich kurzer Zeit niedergeschrieben. Über Vorarbeiten ist nichts bekannt außer der Tatsache, dass er als Schauspieler mit ganzem Herzen bei der Bühne war und stets Themen, Figuren und Ausführungsformen von Theaterprojekten im Kopf gehabt haben dürfte. Zunächst als Hörspiel, danach erst als Bühnenstück durchlief *Draußen vor der Tür* rasch alle Hürden der (Militär-)Bürokratie. Am 13. Februar 1947 wurde das Hörspiel erstmals im Nordwestdeutschen Rundfunk gesendet. Es gab zahlreiche Wiederholungen. Borchert selbst verpasste die Sendung, weil in seinem Stadtteil wieder einmal der Strom ausgefallen war. Er erfuhr aber sehr bald, wie breit und ungeheuer positiv die Resonanz in Hörerkreisen gewesen ist. Der Zuspruch von so vielen Seiten beglückte ihn sehr. Plötzlich war er ein gefragter Schriftsteller. *Draußen vor der Tür* wurde von Rowohlt im Bühnenverlag herausgebracht. Andere Verlage fragten nach weiteren Stücken und Plänen.

Als Hörspiel und als Bühnenstück – schockartige Wirkung von *Draußen vor der Tür*

Noch während die Hörspielfassung für neue Sendungen modifiziert wurde, kümmerte sich Wolfgang Borchert mit der ihm noch verbliebenen Kraft um Details für die Realisierung auf der Bühne. Ganz Schauspieler und mit der Gewissenhaftigkeit eines Theaterprofis, ging er gedanklich jedes Detail durch. In einem Brief im März 1947 schrieb er an Bernhard Jolles, einen engagierten Schriftsteller:

> *„Das Ganze muss ohne Pause durchgespielt werden. Den schnellen Szenenwechsel, der Beckmann immer wieder allein auf der Straße stehen lässt, den kann man durch Licht- und Schattenwirkung sehr gut herausholen. Natürlich darf es kein Bühnenbild geben, und es dürfen immer nur die jeweiligen Möbel auf der Bühne stehen."*[13]

Einen Tag nach Borcherts Tod fand in den Hamburger Kammerspielen die Uraufführung des Stückes statt (21. November 1947). Wolfgang Liebeneiner führte ganz im Sinne des jung verstorbenen Autors Regie. Der Erfolg, den *Draußen vor der Tür* als Hörspiel hatte, wiederholte sich. Überall erfuhr das Stück bejubelte Anerkennung.[14]
Am Tag der Uraufführung war man den Kriegsereignissen noch sehr nahe. Man lebte in den Ruinen. Heimkehrerschicksale kannten die meisten Familien. Der Kampf ums Überleben bestimmte den Alltag der Menschen. Noch hatten die meisten von ihnen das Brüllen der Kanonen im Ohr, das Heulen der Sirenen, die Detonationen niedergehender Bomben, das Krachen zusammenstürzender Häuserwände, das Brüllen der Feuerstürme und das Schreien der Verwundeten, Verschütteten, Sterbenden. Und die Menschen hatten Fragen, viele Fragen. Borcherts Stimme war ihnen ganz nah und vertraut. Der Beckmann der Uraufführung war Hans Quest, der den Heimkehrer auf der Bühne wie schon zuvor in der Hörspielsendung glaubhaft und ergreifend verkörperte. (→ **5.**)
Wolfgang Borchert wollte seinen gültigen Beitrag zum Thema „Krieg" schreiben. Das lässt sich aus einer von ihm ver-

---

13) In: Peter Rühmkorf, *Wolfgang Borchert in Selbstzeugnissen und Bilddokumenten*, S. 155.
14) Das Stück ist im Ausland erst unter dem englischen Titel *The Man Outside* im eigentlichen Sinne ‚populär' geworden.

fassten Rezension zu dem 1945 erschienenen (und später sehr bekannt gewordenen) *Stalingrad*-Roman von Theodor Plievier ablesen. Borchert schrieb darin u. a.:

> *„Jeder von uns ist durch sein Stalingrad gegangen, durch ein großes oder kleines. Und so ein Buch ist die Rechnung und Quittung für uns alle. Rechnungen und Quittungen sind unerfreulich. Aber sie sind notwendig."*[15]

Auch Borchert präsentierte den Menschen die Rechnung und Quittung. Sein Drama *Draußen vor der Tür* war nicht weniger unerfreulich und im gleichen Masse notwendig wie Plieviers Roman. –

Borcherts literarisches Werk, zum Großteil wenige Monate vor seinem Tod geschrieben, entstand unter großer Anteilnahme und Beteiligung von ‚draußen', denen seiner Eltern und Freunde. Sein Vater, zu dem er stets ein unklares Verhältnis gehabt hatte, wurde einem seiner engsten Vertrauten. Er schrieb viele Texte für seinen kranken Sohn auf der Schreibmaschine. Andere, die ‚nur' zuhörten, setzten sich für die öffentliche Verbreitung der Texte ein. Es ist müßig zu fragen, ob Wolfgang Borchert sein Stück *Draußen vor der Tür* überhaupt geschrieben hätte, wenn er gesund geworden wäre. Als sich sein Leben dem Tod zuneigte, als Borchert fieberhaft schrieb, um noch sagen zu können, was er sagen wollte, spürten viele Menschen um ihn herum, dass hier ein auf seine Weise einzigartiges literarisches Werk entstand:

---

15) Wolfgang Borchert zitiert in Winfried Freund–Walburga Freund-Spork: *Erläuterungen und Dokumente*, S. 58.

„Borchert schrieb dieses Stück in knapp acht Tagen. Er schrie es mehr, als dass er es schrieb. (...) Ein Stück Natur löste sich aus ihm, das seine Form in sich trug. (...) Borchert büßte diese Arbeit mit einem Schwächeanfall. Als das Stück aber in der Maschinenschrift vorlag, musste er es uns gleich vorlesen. Drei Stunden las er. (...) Als er geendet hatte, schwiegen wir erst einmal. Dieser Schrei war zu ungeheuerlich. (...) Aber dieser Schrei durfte nicht ungehört verhallen. Mit einer Abschrift des Stücks verließ ich Borchert an diesem Abend. Die Abschrift begleitete mich in den nächsten Tagen."[16]

16) Bernhard Meyer-Marwitz: Nachwort, in: Wolfgang Borchert: *Das Gesamtwerk*, S. 383 f.

2.2 Inhaltsangabe

Der aus dreijähriger russischer Kriegsgefangenschaft heimkehrende Beckmann, mit steifem Knie und Gasmaskenbrille, ist am Ende. Er hat Hunger und Frost, Verwundungen und den Tod immer wieder so nahe gespürt, dass er das Überleben nicht mehr ertragen kann, ein Überleben, das ihm nichts als Qualen auferlegt. Er will einen Schlussstrich unter sein Leben setzen und springt in die Elbe. Das sehen der „Tod", ein im Kriege reichlich zu Speck gekommener Beerdigungsunternehmer, und der „liebe Gott", ein alter Mann, in den die Menschen das Vertrauen verloren haben. Die Elbe will den jungen Selbstmörder nicht und wirft ihn wieder ans Ufer, bei Blankenese.
Der „Andere" gesellt sich hinzu, der „Jasager", der Beckmann wieder ins Leben zurückhelfen will, ganz eindeutig dessen Alter Ego, eine Art innerer Stimme. Dass Beckmanns Frau jetzt einen anderen Mann in ihrem Bett hat, sei kein Grund, das eigene Leben wegzuwerfen. – Eine junge Frau kommt hinzu. Beckmann begleitet sie nach Hause. Sie möchte nicht mehr allein sein, nachdem sie von ihrem Mann aus Stalingrad zuletzt vor langer Zeit gehört hat. Sie findet Gefallen an Beckmann: „Du siehst so wunderbar traurig aus, du armes graues Gespenst." (S. 18) – Doch ihr Mann, einbeinig und auf Krücken, kehrt nun heim, und Beckmann geht. Beckmann will wieder zur Elbe, doch der „Andere" fordert ihn auf, mit ihm einen Mann zu besuchen, dem Beckmann die Verantwortung zurückgeben soll, die ihm jener im Krieg für einen Spähtrupp aufgeladen hat. (S. 20)

Der Mann, ein ehemaliger Oberst, will von der Vergangenheit nichts mehr wissen. Beckmann schildert ihm seinen

Traum vom General mit dem Knochenxylophon und den toten Kameraden (S. 23 ff.), der sich Nacht für Nacht wiederholt. Der Oberst hatte Beckmann und einen Zug Soldaten zur Erkundung in die Nacht hinausgeschickt, bei Gorodok. Beckmann, dem er die Verantwortung für das Unternehmen übertragen hatte, verlor elf der zwanzig Männer. Die Bilder jener Nacht stehen vor Beckmann immer wieder auf. (S. 25) Der Oberst winkt ab. Er will sich nicht mehr erinnern und Beckmann nicht entlasten. Im Gegenteil: Der Oberst macht sich über dessen Gewissensnot lustig:

> *„Junger, junger Mann! Ich weiß nicht recht, ich weiß nicht recht. Sind sie nun ein heimlicher Pazifist, wie? So ein bisschen destruktiv, ja? Aber – (...) mein Lieber, mein Lieber! Ich glaube beinahe, Sie sind ein kleiner Schelm, wie? Hab ich Recht? Na? Sehen Sie, Sie sind ein Schelm, was? (...) Köstlich, Mann, ganz köstlich! Sie haben wirklich den Bogen raus!"* (S. 26)

Beckmann, der sich völlig unverstanden fühlt, lässt eine Flasche Rum und ein halbes Brot mitgehen. Stark angetrunken, erklärt er die ganze Welt zum Narrenhaus und beschließt, zum Zirkus zu gehen, um dort aufzutreten: „Der Oberst hat Recht, die Menschheit lacht sich kaputt! Prost. Es lebe der Oberst! Der hat mir das Leben gerettet." (S. 28)

Auch beim Kabarettdirektor findet Beckmann kein Gehör. Sein Programm sei zu bieder, zu wenig erotisch, viel zu ernst für die Zeit, in der die Menschen aufgeheitert werden wollen: „Das ist alles zu grau, zu nackt. Sie machen mir ja das Publikum böse (...) Wer will denn heute etwas von der Wahrheit wissen?" (S. 33) Enttäuscht und verzweifelt ist Beckmann, nahe daran, sich wieder in die Elbe zu stürzen.

– Der „Andere" reißt ihn noch einmal hoch und erinnert ihn daran, dass es ja noch ein Zuhause der Kindheit, ein Elternhaus gibt, in dem Vater und Mutter auf ihn warten: „Du musst nach Hause, Beckmann. Dein Vater sitzt in der Stube und wartet. Und deine Mutter steht schon an der Tür. Sie hat deinen Schritt erkannt." (S. 34)
Das Elternhaus aber gibt es nicht mehr. Zwar steht das Gebäude noch, aber die Eltern sind tot. Sie haben sich das Leben genommen. Eine Frau Kramer wohnt jetzt in dem Haus. Sie ist neugierig, in ihren Reaktionen auf Beckmanns Fragen jedoch herzlos und schroff: „Ja, die alten Herrschaften von Ihnen hatten nicht mehr die rechte Lust. Einen Morgen lagen sie steif und blau in der Küche. So was Dummes, sagt mein Alter, von dem Gas hätten wir einen ganzen Monat kochen können." (S. 37 f.) Beckmann will endgültig aufgeben. Der „Andere" bemüht sich sehr geduldig, Beckmann auch über diese Enttäuschung hinwegzuhelfen und ihm die lebenswerten Seiten des Daseins nahe zu bringen. Vergeblich. Unterwegs zur Elbe schläft Beckmann ein; im Traum begegnet er Gott und dem Tod sowie seinen „Mördern" (Oberst, Direktor, Frau Kramer, seine Frau mit ihrem neuen Freund) und schließlich dem Einbeinigen, der wegen Beckmann in die Elbe gegangen ist. Als er erwacht, ist er allein, der der „Andere", die trost- und mutspendende Stimme, ist fort. Beckmann steht nun wirklich allein „draußen vor der Tür", mit seinen Erinnerungen und schweren Träumen, mit seinen Qualen und der ganzen Hoffnungslosigkeit, die er anklagend, aber gänzlich ungehört, in die Welt hinausschreit: „Hab ich kein Recht auf meinen Tod? Hab ich kein Recht auf meinen Selbstmord? Soll ich mich weiter morden lassen und weiter morden? (...) Warum schweigt ihr denn? Warum? Gibt denn keiner eine Antwort?" (S. 54)

2.3 Aufbau

Draußen vor der Tür ist ein recht kurzes Bühnenstück. Es setzt sich aus einer „Vorbemerkung" (S. 8), einem „Vorspiel" (S. 9–11), einem „Traum" (S. 11–12) und fünf „Szenen" (12–54) zusammen.

In der „Vorbemerkung" wird der Kern des Geschehens mitgeteilt, auf das sich die Zuschauer einstellen sollen: „Ein Mann kommt nach Deutschland. (...) Einer von denen, die nach Hause kommen und dann doch nicht nach Hause kommen, weil für sie kein Zuhause mehr da ist." (S. 8) Mit dieser Aussage ist zugleich die Hauptfigur des Stückes charakterisiert.

Das nachfolgende „Vorspiel" und der „Traum" bauen das Geschehen auf. Zunächst tritt die Hauptfigur, der Heimkehrer Beckmann, nicht als Handelnder in das Geschehen ein. Es wird über ihn gesprochen (Gott und Tod). In diesem Dialog wird eine Hintergrundfolie aufgezogen, die Beckmann in „den allgemeinen Bewusstseins- und Wirklichkeitszusammenhang der Zeit"[17] rückt. Die Aussagen der beiden Sprechenden und die Naturkulisse (Elbe, schwappendes Wasser, Abendhimmel) geben dem „Vorspiel" eine eindeutig nihilistische Grundstimmung. – Im „Traum" wird diese Düsternis umgewertet. Die Elbe erscheint jetzt als ‚gute Mutter'. Ironie, Gutmütigkeit und Lebensbejahung bestimmen ihren Appell an Beckmann. „Vorspiel" und „Traum" stehen antithetisch zueinander. Beide bilden jedoch einen zusammengehörigen Teil des Dramas, der mit dem Geschehen der fünf Szenen streng genommen nichts zu tun hat. Andererseits bleibt diese Antithetik die folgenden fünf Szenen über beherrschend. Der Entscheidungskonflikt, in dem sich Beckmann befindet,

17) Bernd Balzer: *Grundlagen*, S. 24.

wird nicht aufgehoben. Das dem Stück „zu Grunde liegende tragische Aufbau- und Verlaufsprinzip"[18] wird von Beckmann in der 5. Szene gewissermaßen abschließend zusammengefasst und an den Anfang des Stückes zurückgeführt.
Die 1. Szene kann als „Exposition" bezeichnet werden, in der alles Wesentliche über den Helden mitgeteilt wird. Seine widerstreitenden Gefühle kommen in der Komplementärfigur des „Anderen" zum Ausdruck. Während Beckmann beständig seine Absage an das Leben formuliert, vertritt „der Andere" (nichts weiter als sein Doppelgänger) den Lebenswillen, das „Ja" zum Leben. Hier setzt sich die „Neinsager"-„Jasager"-Situation aus „Vorspiel" und „Traum" fort. Mit dem Auftauchen des Mädchens deutet sich eine positive Wende für Beckmann an, die sich aber nur scheinbar entwickelt. Im Aufbau des Dramas haben wir es hier mit dem ‚erregenden Moment' zu tun.
In der 2. Szene wird die Antithetik des Stückes durch den Mann des Mädchens wieder verstärkt. Der Ansatz zu einer diesseitsbejahenden Einstellung Beckmanns wird radikal gelöscht. Erneut steht er vor einem Selbstmord.
Als endgültig schicksalsbestimmend für Beckmann gestaltet sich die 3. Szene, in der sich das schwankende Geschehen nunmehr ganz zum Negativen wendet (‚Peripetie'). Zwar rafft er sich noch einmal auf, um seine Antworten zu erhalten, aber die abwärts weisende Verlaufsrichtung wird nun nicht mehr abgebremst. Es gibt kein ‚retardierendes Moment' mehr in diesem Stück.
Der Auftritt Beckmanns beim Kabarettdirektor in der 4. Szene beschleunigt den Sturz in die ‚Katastrophe'. Mehrfach sind die Türen vor ihm zugeschlagen worden. Er steht nun wieder draußen. Die Gesellschaft bietet ihm keinen Platz mehr.

18) Winfried Freund: *Literatur ohne Antwort*, S. 30.

Die Rückkehr in die vertraute Umgebung seiner Kindheit, in das Elternhaus, gerät dann in der 5. Szene zum endgültigen Absturz. Es ist Nacht geworden, und Beckmann resümiert seine Lebenserkenntnis in der Gegenwart aller ‚Personen', die er auf seiner Suche nach Wahrheit und Antwort zuvor getroffen hat. In seinen hallenden Fragen rundet sich das Stück und kehrt (beinahe wörtlich) an den Anfang, zum „Vorspiel" zurück: „Ein Mann kommt nach Deutschland! Er kommt nach Hause, und da ist sein Bett besetzt. Eine Tür schlägt zu, und er steht draußen." (S. 53)

„Stationendrama" mit tragischem Verlauf

Einziger Handlungsort ist die Straße. Dort reihen sich ‚Anlaufstationen' aneinander: die Elbe, das Zimmer des Mädchens, die Wohnung des Obersten und seiner Familie, das Zimmer des Kabarettdirektors, das Elternhaus. Beckmann geht sie nacheinander ab, ohne mit seinen Problemen Gehör bei ihnen zu finden. *Draußen vor der Tür* ist deshalb als ein ‚Stationendrama' bezeichnet worden, in dem ein Einzelner ohne das Vorhandensein wirklicher dialogischer Situationen in das Zentrum des Geschehens gestellt ist. (⟶ **5.**)

Die fünf Szenen spielen sich wie in einem Zeitraffer an einem einzigen Abend ab, nachdem die Elbe den Lebensmüden wieder ans Ufer gespült hatte. Dieser enge Zeitrahmen entspricht sehr konsequent den ‚Stationen', die rasch und ohne Unterbrechung abgeschritten werden.

Alle Szenen haben „Traumcharakter; der tatsächliche Traum am Ende, der das Ganze resümiert, ist lediglich Potenzierung der quasi Traumbegebenheiten vorher."[19] Der „Andere" spricht dies deutlich aus: „Du träumst, Beckmann, wach auf." (S. 48) Insofern kann Borchert auch sprach-

Ein Stück im „Zeitraffertempo" und mit „Traumcharakter"

19) Norbert Mennemeier: *Ein Dramatiker der Stunde Null*, S. 153.

lich ‚frei' verfahren und Beckmann subjektive Assoziationen wie auch allgemein gültige Erkenntnisse in den Mund legen. Auf die wechselnde Stimmung und entsprechende sprachliche Differenzierung zu Beginn des Stückes wurde bereits weiter oben hingewiesen. Auffallend im Gesamtgeschehen ist der Wechsel zwischen Aufhellungen und dunklen Abtönungen. Er entspricht dem antithetischen Gesamtaufbau des Dramas. Der Wechsel gipfelt in Beckmanns Frage an den „Anderen": „Geh nicht so weit, Schweigsamer du, hast du noch eine Laterne für mich in der Finsternis?" (S. 51)

In der kommentierenden Literatur wird das Stück in seiner Gesamtheit stets als ein einziger Aufschrei charakterisiert. Beckmanns gequälte und in sich gebrochene Existenz, sein verzweifeltes Fragen und Rufen haben zu Vergleichen mit der Dichtung des Expressionismus herausgefordert. (→ **2.4–2.7**) Leitmotivisch begleitet das „Kreischen und Zuschlagen einer Tür" die Vorgänge, von Beckmann mehrfach resigniert kommentiert. Dieses Kreischen und Zuschlagen von Türen charakterisiert den Zustand der Welt, zu der Beckmann keinen Zugang mehr findet.

Verzweiflung, Ironie und Komik

Bei allem Ernst, der über dem Geschehen liegt, trotz aller Bitterkeit und dunkler Verzweiflung, begleiten Ironie und Komik den Handlungsverlauf. Entsprechend seinen Gattungsmerkmalen wird Borcherts einziges Theaterstück deshalb eher als ‚Tragikomödie' denn als eine ‚Tragödie' eingestuft. (→ **2.7**) Dabei bleibt die Frage durchaus offen, ob Borchert eine tragikomische Darstellung überhaupt beabsichtigt hat. Vieles in dem Stück deutet darauf hin, dass die Widersprüche, Brüche und die zuweilen ans Groteske grenzende Komik nicht bewusst konzipiert worden, sondern eher Borcherts Komiker-Naturell zuzuschreiben sind.

Vorspiel Traum	Beerdigungsunternehmer (Tod) Alter Mann (Gott) Elbe BECKMANN	Eröffnung der Verzweiflungshandlung RATLOSIGKEIT	Verfremdeter Einstieg
1. Szene	Abend / Blankenese / der Andere BECKMANN	Gasmaskenbrille als zentrales Symbol	Steigerung des Grotesken
2. Szene	Abend / Zimmer das Mädchen BECKMANN	keine Handlungseinheit Traum – Realität	
3. Szene	Abend / Stube / Oberst BECKMANN	Begegnungsszenen Beckmanns mit reflektierenden Einschüben (Neinsager)	Stationen in der Zuspitzung der Dissonanzen von BECKMANN – DASEIN / WELT
4. Szene	Zimmer / Kabarettdirektor BECKMANN	Realität – Traum keine Handlungseinheit	
5. Szene	Haus / Frau Kramer / der Andere / alle Vorherigen / Gott BECKMANN	Gasmaskenbrille als zentrales Symbol RATLOSIGKEIT	bis zum endgültigen Verstummen
	Ergründen einer subjektiven Bewusstseinslage (Beckmann) in einer Bewegung, die ohne Ziel (d. h. bewusstseins- und verhaltensändernde Antwort) bleibt.		Sprache zwischen Lakonie und pathetischer Übersteigerung

2.4 Personenkonstellation und Charakteristiken

Borcherts Drama *Draußen vor der Tür* kommt mit sehr wenigen Personen aus. Es hat nur eine Hauptfigur: Beckmann. Als reale Nebenfiguren treten ein Mädchen, der Oberst, der Kabarettdirektor und Frau Kramer in Erscheinung. Die übrigen „Personen" des Stückes können als Spiegelungen und Projektionen Beckmanns gesehen werden (der Andere, der Beerdigungsunternehmer, und der Straßenfeger = der Tod, der alte Mann = Gott). Von ihnen nimmt „der Andere" eine Sonderrolle ein, wie bereits im vorangegangenen Teilkapitel (⟶ **2.2**) erläutert wurde.

Figuren	**Charakteristika**
der Beerdigungsunternehmer, der Straßenfeger, der alte Mann	Personifikationen von Gott und Tod; allegorische Figuren, wie sie in mittelalterlichen Mysterienspielen vorkommen
ein Mädchen	Personifikation von menschlichen Sehnsüchten, einer durch den Krieg unerfüllt gebliebenen Liebe
Oberst	steht für alle, die ihre eigene Schuld leugnen und gelassen herunterspielen; einer der Ewiggestrigen, die nie begreifen werden und wollen

Kabarettdirektor	auf seine Weise dem Oberst sehr ähnlich; auch er hat die Vergangenheit „abgehakt" ; durch oberflächliche Unterhaltung versucht er von der nötigen Vergangenheitsbewältigung abzulenken
Frau Kramer	einfache Frau, die der Krieg überdies desillusioniert hat; instinkt- und taktlos

Beckmann ist von Grund auf eine tragisch-komische Figur. Als Opfer einer schrecklichen Zeit leidet er an ihren Folgen, die ihn auf verschiedene Weise persönlich betreffen. Mit seiner Gasmaskenbrille, die so etwas wie sein Markenzeichen ist, spielt er die Rolle des unglücklichen Anti-Helden, des Lebens überdrüssig und ausschließlich mit seinem Elend beschäftigt. Er geht ganz in dieser Rolle auf, und seine Versuche, sich mit Hilfe des „Anderen" aufzurappeln und dem Leben etwas Positives abgewinnen zu wollen, erscheinen nicht überzeugend. Tragik erwächst aus persönlich-schicksalhaftem Verstricktsein in Schuld. Das trifft auf Beckmann nicht zu. Er ist einer von Millionen an ein kollektives Schicksal gebundenen Menschen, kein tragisches Einzelschicksal.
Der Heimkehrer, der wahrlich keinen Grund zur Freude hat außer der, dass er noch am Leben geblieben ist, zwar versehrt und in seinem Glauben an Gott und die Menschen schwer erschüttert, wird in dem Augenblick zu einer komischen Figur, wo er verbissen Fragen stellt und auf Antworten pocht, die ihm niemand mehr geben will und kann. Beckmann hat der Realität nichts entgegenzusetzen und

Beckmann, der tragikomische Held, der nicht mehr lachen kann

scheitert mit seinem unerbittlichen Groll am Leben. Er ist ein wenig wie Michael Kohlhaas, der es „wissen will". Anstelle sich über sein Schicksal zu erheben, macht er sich zum Gespött der anderen und geht als eine komische Figur unter.[20]

Beckmann hat einen entscheidenden Mangel, den andere Figuren aus vielen Borchert-Erzählungen nicht haben: Er kann nicht lachen. Borcherts Waffe gegen den Untergang war das Lachen, eine Waffe, die Beckmann nicht zu Gebote steht. Borchert, so wissen wir aus Schilderungen seiner Freunde, lachte gern. Aus so vielen Geschichten hören wir sein Lachen, ein entwaffnendes, unbekümmertes und befreiendes Lachen, in der Erzählung *Schischyphusch* zum Beispiel, wo sich die zunächst sehr spannungsvolle Begegnung der beiden lispelnden Männer (Onkel des Erzählers und Kellner) in Gelächter auflöst: „Und sein Lachen lachte los, unbändig, explodierte, polterte, juchte, gongte, gurgelte - lachte los." (W. B., *Das Gesamtwerk*, S. 293) Borchert setzte das Lachen auch häufig als ‚letztes Mittel' ein als Verzweiflungslachen gegen den endgültigen Untergang: „Ohne Heimat und Hand, herzlos, umdüstert. Und wir lachen" heißt es beispielsweise in *Gespräch über den Dächern.* (W. B., *Das Gesamtwerk*, S. 55) Bis zum letzten Augenblick suchte sich Borchert seinen Humor und sein Lachen zu erhalten, wie wir bei seinem engsten Vertrauten des letzten Lebensjahres, Bernhard Meyer-Marwitz, lesen können:

20) Kleists Michael Kohlhaas wirkt in seiner Halsstarrigkeit ‚komisch'; dort, wo Widerstand nur noch das Beharren auf einem Rechtsanspruch bedeutet und selbst bei wohlwollenden Menschen in der Umgebung nicht mehr als Kopfschütteln auslöst, wird das ernst gemeinteste Argument kein Verständnis mehr finden. Der Betreffende macht sich selbst zu einer ‚komischen Figur'.

„Ein Jahr besuchte ich ihn fast Tag um Tag. Ich wusste, dass sich sein Körper oft wie unter einer Folter krümmte, dass sein Rücken kaum den Druck einer stützenden Hand ertrug, dass seine geschwollene Leber ihm den Atem abschnürte und das Herz im Angstkrampf zusammenpresste. (…) Trotzdem sprühte er oft von Heiterkeit und Witz."[21]

Winfried Freund bezeichnet Beckmann als denjenigen, der „im Geflecht bedingender Kräfte der Bedingte unter dem Druck des eigenen Handelns in der Vergangenheit" ist und der als Kriegsheimkehrer exemplarisch für den Einzelnen in extremer Lage steht, und weiter:

„Beckmann erfährt am eigenen Leibe die Entfremdung des Lebensraums, der ihm einmal Heimat war. In seinem Ausgestoßensein wird er zur Demonstrationsfigur menschlicher Heimatlosigkeit schlechthin. (…) Beckmann ist der Held in einem absurden Welttheater, in dem sich die Katastrophe verselbstständigt und Gott als vertraute souveräne Beurteilungsinstanz aus Einsicht in die eigene Ohnmacht abgedankt hat."[22]

Beckmann ist der Held, der sich in der Welt, wie er sie vorfindet, nicht mehr als lachender Vagant verhalten kann, obwohl er sich verzweifelt darum bemüht. Peter Rühmkorf beschreibt dessen in sich zerrissenen Zustand sehr einfühlsam:

„Beckmann, spielte er nur seinen Heimkehrerpart, er wäre wohl bald durch die Sozialfürsorge seiner gröbsten Beschwer-

21) Bernhard Meyer-Marwitz: Nachwort, in: Wolfgang Borchert: *Das Gesamtwerk*, S. 327.
22) Winfried Freund: *Literatur ohne Antwort*, S. 40.

den enthoben; er sucht seinen Ort jenseits der befriedeten Sozietät, und diese Stelle ist wohl immer vakant und nie ganz aushonoriert. (...)
Beckmann, der weder zum Handeln noch zum Überdenken seiner sozialen Rolle entschlossene Beckmann [erscheint] in die Rolle des Kindes gedrängt, in die Rolle des Kindes sich fügend, in seiner Rolle als Kind gerettet. (...) Liebe und Kindheit, Mädchen und Mutter, Liebe und Menschlichkeit koinzidieren aufs Schönste, Schlüssigste und Romantischste, (...) wir fügen aber noch (...) bei, dass die Liebe des Romantikers letztlich auf Erfüllung nicht rechnen kann und dass sie, ein Kind der Sehnsucht und Entfernung, in der Bindung nicht lange besteht. (...)
Beckmann ist [der] heillos desillusionierte Romantiker, der Outcast um jeden Preis, der beunruhigende Unruhestifter, der gefallene fallsüchtige Engel, das wandernde Paradox aus Bindungssucht und Bindungsfeindlichkeit. Und keine Lösung, es sei denn die Auflösung der Person, dieses bereits dividierten Individuums und – die über den Zwiespalt ins Nichts geschriene Frage: (...) ‚Gibt denn keiner, keiner Antwort???'"[23]

Es klang deshalb schon recht akademisch-abgehoben und ein wenig zynisch, wenn Hans Egon Holthusen seinerzeit dem Stück und seinem Autor „falsche und künstliche Motivballungen" vorhielt und Karl S. Guthke es ziemlich unnachsichtig als ein „infantiles, von Selbstmitleid triefendes Zeitdokument einer enttäuschten Generation" abtat, wenngleich er dem Autor ein wenig gönnerhaft zugestand, dass er „etwas mehr über den Dingen gestanden hat als das damalige Publikum."[24]

23) Peter Rühmkorf: *Wolfgang Borchert in Selbstzeugnissen und Bilddokumenten*, S. 135 ff.
24) Hans Egon Holthusen in: Peter Rühmkorf: *Wolfgang Borchert in Selbstzeugnissen und Bilddokumenten*, S. 173, und Karl S. Guthke: *Die moderne Tragikomödie*, S. 145. – Dennoch gesteht Guthke dem Drama zu, „eine Affinität zu der Gattung" (R. P.: der Tragikomödie) erkennen zu geben, die „the dominant mode of our ironic age geworden ist."

2.5 Sachliche und sprachliche Erläuterungen

Pontons (S. 9):	hier: am Ufer befestigte, in das Wasser hineinragende Anlegestellen für Schiffe
Ein Krieg gibt dem andern die Hand (S. 10):	Auf den Ersten Weltkrieg folgte der Zweite Weltkrieg; Anspielung auf die Kriege, die in jedem Jahrhundert stattfanden
Typ Ophelia (S. 11):	Gestalt aus Shakespeares *Hamlet*. Sie liebt den Prinzen und fällt aus Schmerz über den von ihm vorgetäuschten Wahnsinn und im Schmerz um ihren getöteten Vater in geistige Umnachtung, ehe sie ins Wasser geht.
Blankenese (S. 12):	bekannter Stadtteil in Hamburg an der Elbe; bevorzugte Wohngegend von Künstlern
Smolensk (S. 13):	russische Gebietshauptstadt am oberen Djnepr
Gorodok (S. 13):	Stadt in Weißrussland; Mittelpunkt von zwei Umfassungsschlachten des Zweiten Weltkrieges im Juli und August 1941

Stalingrad (S. 13):	Die Schlacht um diese russische Stadt im Winter 1942/43 leitete die Kriegswende ein; auf beiden Seiten ließen Hunderttausende ihr Leben.
Fischmarkt (S. 14):	zu Hamburg gehörend wie der Viktualienmarkt zu München, von vielen Originalen bevölkert
blechernes Robotergesicht (S. 16):	Von Beckmann eigentlichem Gesicht ist kaum etwas zu sehen, da er eine Gasmaskenbrille trägt; sie gibt seinem Gesicht etwas Starres.
provisorisch (S. 17):	unfertig; für den Augenblick gedacht
Clausewitz (S. 21):	Carl von Clausewitz (1780–1871), bedeutender General; Kriegswissenschaftler
Xylophon (S. 23):	Holzharmonika; ein Schlaginstrument aus hölzernen Schlagstäben, die lose auf einem Gestell liegen; als Borchert sein Stück schrieb, gab es sehr berühmte Xylophonvirtuosen; gespielt wird mit zwei harten Schlägeln

Preußens Gloria, Badenweiler, Einzug der Gladiatoren, Alte Kameraden (S. 24):	berühmte Märsche aus Preußens militärischer Vergangenheit. *Der Badenweiler* wurde regelmäßig bei Auftritten Hitlers intoniert; ironische Anspielung Borcherts auf die ‚großen Töne' und zweifelhafte Traditionspflege
Pazifist (S. 26):	Kriegsgegner; jemand, der überzeugt für den Frieden eintritt; im Dritten Reich hart bestraft („Wehrkraftzersetzung")
Goethe (...), Mozart (...), Shirley Temple (S. 30):	Mit der Dauer des Krieges versuchten die Nazis die Soldaten und die Bevölkerung mit „shows" und Idolen abzulenken, ihren Durchhaltewillen zu stärken.
tapfere kleine Soldatenfrau (S. 31):	in den letzten Kriegsjahren sehr beliebter sentimentaler Schlager, der wieder und wieder zu hören war
Timbre (S. 32):	feine Stimmabtönung
Goethe zog (...) Operette (S. 32):	gemeint ist das 1785/86 geschriebene Lustspiel *Der Groß-Kophta*
Biskuit (S. 33):	harter Keks, gehörte zur Notration der Soldaten; hier: feines Gebäck, das die Menschen nach den

	Jahren des Darbens nach Kriegsende endlich wieder einmal genießen möchten; Anspielung auf Beckmanns Angebot, das dem Direktor zu dürftig, eben nicht zeitgemäß ist
herumpütschert (S. 35):	norddeutsche Mundart: ziellos herumwirtschaften, herumwerkeln
Ohlsdorf, Fuhlsbüttel, Alsterdorf (S. 36):	bekannte Stadtteile von Hamburg
Heckmeck (S. 37):	Unsinn, unnötige Umstände machend
entnazifiziert (S. 37):	Nach Kriegsende begann die „Umerziehung" der Deutschen durch die Alliierten; alles, was auch nur entfernt an Hitler und das Gedankengut der Nazis erinnerte, sollte aus den Köpfen der Menschen verschwinden. Zu den ersten Maßnahmen gehörte auch die Überprüfung der Menschen und ihrer Nazizugehörigkeit. Es gab mehrere „Kategorien". Wer „entnazifiziert" war, galt als „sauber" und unverdächtig.

Dostojewski (S. 40):	Fedor Michaelowitsch D. (1821–1881), Begründer der russischen Romantragödie; schrieb für die Erniedrigten, Unterdrückten und Beleidigten, für die Stiefkinder des Lebens
Gorki (S. 40):	Maxim G. (1868–1936), russischer Dramatiker, der wie D. das Leben der Unterdrückten und Vernachlässigten dichterisch gestaltete
Räsoneure (S. 46):	Negativzuweisung für Menschen, die sich (zu viele) Gedanken machen, nachfragen, sich ihre eigene, zuweilen verstiegene Meinung bilden
Epilog (S. 46):	Nachruf; Gegenteil von E. ist „Prolog"
Langemarckfeiern (S. 49):	in der belgischen Provinz Westflandern bei Ypern gelegen; im Ersten Weltkrieg hart umkämpft (Okt.–Nov. 1914); bekannt geworden durch junge deutsche Soldaten, die unter schwersten Verlusten, „Deutschland, Deutschland über alles" singend, feindliche Stellungen erstürmten. Der militärisch sinnlose Angriff

	wurde von den Nazis als Sinnbild deutschen Heldentums und vaterländischer Opferbereitschaft jedes Jahr feierlich in die Erinnerung gebracht.
Kathedern (S. 49):	erhöhter Ort, von dem aus gepredigt und gelehrt wird, häufig Ängste geschürt und Menschen manipuliert werden
melancholisch (S. 49):	trübsinnig, mit schweren Gedanken belastet

2.6 Stil und Sprache

Der Krieg hatte Borchert zum Dichter gemacht. Was zuvor in ihm geschlummert hatte und sich nun eruptiv befreite, gewann augenblicklich Dimensionen des Dichterischen. In dem in wenigen Monaten entstandenen Werk zahlte er alle ‚Anleihen', die er bei verschiedenen Vorbildern je gemacht hatte, mit Zins und Zinseszins zurück. Seine Sprache zeigt Unverwechselbares. Die Gewalt, die in ihr schlummert, hat Erschreckendes und Anrührendes. Alltagssprachlich, wild-expressiv, zuweilen lakonisch-nüchtern, dann wieder überraschend heiter, immer konkret und bilderreich – so hielt Borcherts Dichtung Einzug in die deutsche Literatur. Wie einst Kleist, Grabbe und Büchner, so erschreckte jetzt Wolfgang Borchert, erschütterte, wühlte auf. Durch Borchert wurde eine neue Literatursprache in Deutschland geboren. „Wir brauchen keine Dichter mit guter Grammatik", schrieb er. „Zu guter Grammatik fehlt uns Geduld. Wir brauchen die mit dem heiser geschluchzten Gefühl." (W. B., *Das Gesamtwerk*, S. 310)
Dieses „heiser geschluchzte Gefühl" beherrscht sein Werk, die Prosa mehr als die oft wie hingetupft zarte Lyrik. Es beherrscht auch sein Drama *Draußen vor der Tür*. Borchert nannte das, was er forderte, eine „neue Harmonielehre" (ebd.). Wie kein anderer hat Peter Rühmkorf mit der ihm eigenen Sprachsensibilität diese „Harmonielehre" beschrieben:

Sie ist, so lesen wir in seiner Borchert-Monografie,

> *„im Grunde eine maßgeschneiderte Konstitutionstheorie, eine geraffte Ästhetik der Disproportion. (...) Weniger ein Mann des Schreis (...) ist er der Dichter des schreienden Gegensatzes.*

Dichter des schreienden Gegensatzes

(...) Borcherts Harmonielehre zielt auf das enge Beieinander des Disparaten. Er schaltet das zeitlich Auseinanderliegende synchron und kopuliert mit Kunst und Keckheit die unmöglichsten Vorstellungsgeschiedenheiten. (...) Borchert komponiert ja durchaus die Disharmonien, er polt die Widersprüche zu klar abgegrenzten Antithesen und verfestigt gegenstrebige Neigungen, Ansichten, Affekte zu haltbaren Paradoxen."[25]

Zu den von Borchert auffällig häufig verwendeten Stilmitteln gehören auch bis zur Manieriertheit gesteigerte Wiederholungen und Variationen gleicher Wörter, die er gelegentlich noch durch die parodierende Umkehr ihrer Bedeutung steigerte. In der kompromisslosen Ausnutzung aller ihm zu Gebote stehenden Sprach- und Stilmittel schuf Wolfgang Borchert sich auch seine eigene Interpunktion. Das Komma wurde von ihm nicht als grammatisches Regelzeichen, sondern als Sinnbetonungszeichen verwendet. Korrekte syntaktische Fügungen wurden zu Gunsten der Sprachwirkung aufgehoben. Oft erlebt man eine bewusst kindliche Ausdrucksweise, unmittelbar daneben ihre parodistische Aufhebung oder ein (selbst-)ironisches ‚understatement'.[26]
Wieder findet Peter Rühmkorf sehr treffende Formulierungen, um diese und weitere Phänomene der hohen Kunstfertigkeit von Borcherts Sprache auf einen Nenner zu bringen:

„Borcherts Vorliebe für unerhörte und nie gesehene Wortmonstren, ein zur Schau getragenes Vergnügen am Jebunterjebesser

25) Peter Rühmkorf: *Wolfgang Borchert in Selbstzeugnissen und Bilddokumenten*, S. 151.
26) Mit dem Begriff ‚understatement' wird ein sprödes, bewusst detailvermeidendes Ausdrucks- und Stilphänomen bezeichnet, das seit Ernest Hemingway (1899–1961), dem Meister des ‚understatement', in der modernen amerikanischen Literatur heimisch ist.

ist zum einen selbstverständlich Auseinandersetzung mit dem bleichsüchtigen Ästhetizismus des eigenen Vorwerks, darüber hinaus aber eine Clownerie, die mutwilligst alle sprachlichen Möglichkeiten mobilisiert und verjuxt. Es ist ein Kapriolenreichtum, der, als schwarzer Witz genommen, gleichzeitig die Kapitulation der Sprache vor der unaussprechlichen Wirklichkeit anmeldet."[27]

Eine der schönsten Erzählungen Borcherts, in der sich alle Stil- und Ausdrucksmittel auf nahezu vollkommene Weise vermischen, ist *Schischyphusch*. Diese viel gelesene Erzählung trifft immer noch ins Schwarze, und jeder gut vorbereitete und mit ein wenig schauspielerischem Talent entwickelte Lesevortrag wird ein dankbares Publikum treffen. *Schischyphusch* zählt zu den wenigen Erzählungen Borcherts, in denen sein liebenswürdiger Humor triumphiert. Diese Erzählung enthält alle Besonderheiten borchertscher Wort- und Dichtkunst: Alliterationen, Neologismen, kontrapunktische Dialoge, groteske Übertreibung und eine auch in formaler Hinsicht anspruchsvolle und ausgefeilte Komposition.

Schischyphusch, Die Kirschen: zwei Meistererzählungen

Zu den „Favoriten" im Unterricht gehören auch die beiden Erzählungen *Das Holz für morgen* und *Die Kirschen* (beide in W. B., *Die traurigen Geranien und andere Geschichten aus dem Nachlass*). In ihnen werden Erinnerungen an die kargen Jahre der Kindheit heraufbeschworen. Beide Erzählungen sind sprachlich und in ihren Form-Inhalts-Beziehungen vollkommen. Am Beispiel der Erzählung *Die Kirschen* möchten wir dies deutlich machen.

---

27) Peter Rühmkorf: *Wolfgang Borchert in Selbstzeugnissen und Bilddokumenten*, S. 154.

Fiebernd liegt ein Junge im Bett. Aus der Küche hört er das leise Klirren von Glas. Er vermutet, dass sein Vater heimlich von den Kirschen isst, die eigentlich für ihn, den Kranken, bestimmt waren. Erregt steht der fiebernde Junge auf, um Erklärung und Rechenschaft von seinem Vater zu fordern. Dieser sagt, ein wenig verlegen, er habe eine Tasse zerbrochen und sich dabei in die Finger geschnitten. Gerade habe er dem Jungen die erfrischenden Kirschen bringen wollen. Der Junge lässt sich ins Bett zurückbringen, von dem bohrenden Gedanken beherrscht, der Vater habe ihm die Kirschen vorenthalten wollen. Als der Vater seinem kranken Jungen das erfrischende Obst bringt, wendet sich dieser beschämt ab.
Die Erzählung umfasst ca. zweieinhalb Seiten Text. Von ihrem abrupten Beginn („Nebenan klirrte ein Glas." – ebd., S. 13) bis zu ihrem ebenso unvermittelten Schluss („Als der Vater mit den Kirschen kam, hatte er den Kopf tief unter die Decke gesteckt." – ebd., S. 15) liegt ein perfektes Modell einer Kurzgeschichte vor uns. Sie stellt sich als ein Maximum an Mitteilung mit einem Minimum an gesetzten Zeichen dar.

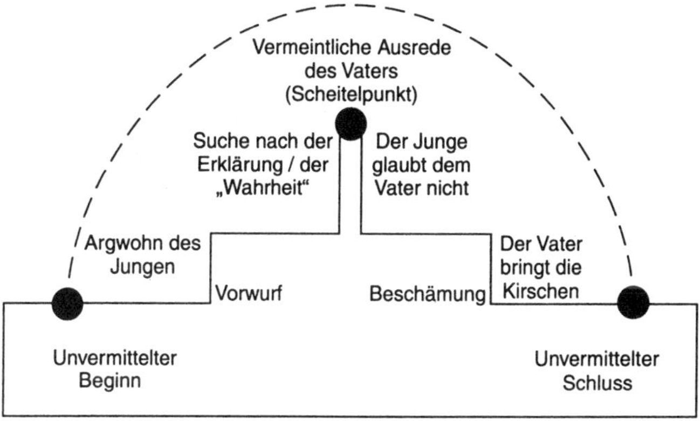

Der innere Wandel des Jungen vollzieht sich beinahe sprachlos in Erkenntnis, Reue und Scham. Er kann den Blick des Vaters wohl nicht aushalten in dem Moment, als sein ungerechter Verdacht in sich zusammenbricht, und ihn auch nicht um Verzeihung bitten. So wendet er sich nur beschämt ab. Stammelnd hat der Junge stereotyp den einen Satz wiederholt, der sich in seinem fiebernden Kopf festgesetzt hatte: „Alles voll Kirschen ... Alles voll Kirschen. Dabei sollte ich sie essen." (ebd., S. 13) Im Fieber und voller Enttäuschung über den vermeintlichen Verrat seines Vaters bringt der Junge nur Sprachfragmente heraus, bis er zum Schluss gar keine Worte mehr findet. Wo die Scham übermächtig wird, versagt die Stimme. Da gibt es nur noch ein Empfinden jenseits der Sprache. Dieses Schweigen aber drückt mehr aus als tausend Worte, und der Vater des Jungen versteht es. –
Zwischen Wolfgang Borchert und seinem Vater hatte es viele Missverständnisse und viel Ungeklärtes gegeben. Erst

kurz vor Wolfgang Borcherts Tod gab es das Bemühen um gegenseitiges Verstehen und ‚Wiedergutmachung'. In Borcherts Erzählungen ist die Vaterfigur zumeist eine schwächliche Erscheinung, am Leben vorbeigerutscht wie das Leben an ihr. *Die Kirschen* gehört zu jenen Erzählungen, in denen das Vaterbild rehabilitiert und aufgewertet wird, möglicherweise aus einem tiefen Schuldgefühl dessen heraus, der mit dem Eifer und der Unerbittlichkeit der Jugend häufig ungerecht und voreilig geurteilt haben mag. Zweieinhalb Seiten Text mit knappstem Vorgang und reduzierter, in der Reduktion jedoch ungeheuer intensiven Sprache, zwingender dreitaktiger Aufbau mit einer gegenläufigen inneren und äußeren Bewegung der beiden handelnden Personen, ein zum Nachdenken und Schweigen drängender Schluss: Es ist nicht übertrieben, hier von einer meisterhaften Erzählung zu sprechen, an die wir im Kontext unserer Erläuterungen gern erinnern.

Nicht weniger einprägsam als im Erzählwerk offenbart sich Borcherts Sprachkunst in seinem lyrischen Werk, das an dieser Stelle wenigstens gestreift werden soll. Es spricht nicht gegen den jungen Dichter, wenn seine ersten Gedichte als epigonal eingestuft worden sind (Rilke, Hölderlin). Sie waren Versuche eines jungen Mannes, zu einer eigenen Dichter-Sprache zu kommen. Erst im Krieg fand Borchert zu seinem eigenen lyrischen Stil. Er legte Zeugnis von einem bemerkenswerten Wandel ab. – Wolfgang Borchert hat viele Gedichte geschrieben, nur ein Teil blieb erhalten. Vielleicht sind einige der besten unter den vernichteten oder verschollenen. Ob nun seine frü-

Die Lyrik: feine Miniaturen mit melancholisch-ironischem Unterton

hen Gedichte lediglich als Etüden zu seinem späteren Schaffen anzusehen sind, sei dahingestellt. Schon in seinem ersten Gedichtband *Laterne, Nacht und Sterne* fand er einen ganz persönlichen Ton. Wort und Rhythmus machen die kleinen Gebilde zu zart schwebenden Klangminiaturen voller Andeutungen von Trauer und dunkler Zerrissenheit, wie das nachstehende Beispiel ausweist.

Legende
Jeden Abend wartet sie in grauer
Einsamkeit und sehnt sich nach dem Glück.
Ach, in ihren Augen nistet Trauer,
denn er kam nicht mehr zurück.

Eines Nachts hat wohl der dunkle Wind
sie verzaubert zur Laterne.
Die in ihrem Scheine glücklich sind,
flüstern leis: Ich hab dich gerne …

(W. B., *Das Gesamtwerk*, S. 11)

Es war Borcherts Sprache, nicht so sehr sein thematisches Inventar oder seine im Ansatz erkennbare literar-theoretische Position, die ihm einen besonderen Platz in der deutschen Nachkriegsliteratur zuwies. Natürlich hat sein aufrüttelndes persönliches Schicksal dazu beigetragen.
Zwei Begriffe sind mit der deutschen Nachkriegsliteratur untrennbar verbunden: „Kahlschlag-" und „Trümmerliteratur".[28] Als Begründer der weltbekannten „Gruppe 47" und Mentor

28) Den ersten Begriff führte Wolfgang Weyrauch ein, den zweiten Heinrich Böll.

vieler junger Autoren beschrieb Hans Werner Richter die Voraussetzungen und Ziele für die neue deutsche Literatur:

> *„Das Kennzeichen unserer Zeit ist die Ruine. Sie umgibt unser Leben. (...) Sie ist das äußere Wahrzeichen der inneren Unsicherheit des Menschen unserer Zeit. (...) Um diesen Menschen zu erfassen, bedarf es neuer Methoden der Gestaltung, neuer Stilmittel, ja einer neuen Literatur."*[29]

Eine der Neuerungen wurde die Kurzgeschichte, obwohl sie faktisch bereits in der Mitte der 20er Jahre des 18. Jahrhunderts Einzug in die deutsche Literatur gehalten hatte. Durch den Einfluss, den nach 1945 die ausländische Literatur – vor allem die französische und amerikanische – auf die deutschsprachigen Autoren gewann, profilierte sich die Kurzgeschichte auch bei uns als eine eigenständige Gattung. Neben Wolfgang Borchert traten Autoren wie Aichinger, Andersch, Bender, Böll, Grass, Weisenborn oder S. Lenz und beherrschten bald die literarische Szene. Bis zum Ende der 60er Jahre war die deutsche Kurzgeschichte das am intensivsten bearbeitete Feld der unterrichtsbezogenen Forschung. Auf der Suche nach übereinstimmenden Merkmalen für ihre Charakterisierung gelang Paul Nentwig eine der bis heute gültig gebliebenen Definitionen:

> *„Sie (die deutsche Kurzgeschichte) gestaltet in einer dem Alltag angenäherten Sprache einen bedeutsamen Ausschnitt oder einen schicksalsbestimmenden Augenblick aus dem Leben eines Alltagsmenschen. Dem Ausschnitthaften des Stoffes entspricht ihr*

---

29) Hans Werner Richter zitiert in: Hans-Peter Franke u. a.: *Geschichte der deutschen Literatur*, S. 35. – Zur Geschichte der „Gruppe 47": Hans Werner Richter: *Im Etablissement der Schmetterlinge*, München, ²1993 (→ Literatur)

Kompositionsprinzip: der unvermittelte Anfang und der ins Offene ausgehende Schluss. Höhepunkt, Wendepunkt und Schluss fallen bei den meisten modernen Kurzgeschichten zusammen."[30]

Bochert – Wegbereiter und kühner Neuerer der deutschen Literatur nach 1945

Wolfgang Borchert konnte nur die Anfänge dieser Entwicklung miterleben. Noch ehe sie abgeschlossen war, starb er. Als souveräner Meister der kleinen Form hat er sie mit seinen pointierten Beiträgen angeschoben und Maßstäbe für die neue Literatur, die Hans Werner Richter forderte, in seinem schmalen, aber bedeutenden Werk gesetzt. Für die Leser nach 1945 bis zum Ende der 60er Jahre galt Borcherts Werk durch seine eigenwillige Ausdrucksmächtigkeit als das, was es heute wieder zu werden beginnt: als ermutigender Appell an eine Menschheit, die Hoffnung und Besinnung, Heilung und Erneuerung braucht.

30) Paul Nentwig in: Wolfgang Salzmann, *Stundenblätter*, S. 22.

2.7 Interpretationsansätze

Borcherts Werk, im Besonderen das Drama *Draußen vor der Tür*, enthält dezidierte Merkmale des Expressionismus. Darauf wurde zuvor bereits eingegangen. (⟶ **2.3**) Keine literarische Epoche hat Wolfgang Borchert so ergriffen wie jene, in der es um die Totalität neuer Werte ging, um die Verknüpfung von Politik und Kunst, Ethik und Ästhetik, um die Befreiung des Menschen schlechthin. Heym und Trakl waren dem jungen Literaturliebhaber vertraut, Barlach und Kaiser, Klabund und Zech, Hasenclever und Toller - Dramatiker und Dichter mit weit tragenden Stimmen. Doch während es den Expressionisten um das Individuum ging, um dessen Selbstbefreiung aus eigener Kraft, blieb das borchertsche Individuum der einsame Frager ohne Antwort und ohne die Macht, sein Schicksal mit eigener Kraft zu verändern. Das Werk als Schrei: Damit wurden Borcherts Erzählungen und das Schauspiel *Draußen vor der Tür* stets bildhaft zusammengefasst. Diese Sichtweise, so wurde in der fortschreitenden Borchert-Rezeption herausgestellt, ist zu einsträngig. Borchert ging darüber hinaus, wie Böll im Nachwort zu Borcherts Schauspiel festhielt:

Der deutsche Expressionismus als Richtungsweiser für Borcherts Dichtungen

„Die Dichter, auch wenn sie sich scheinbar in der Unverbindlichkeit ästhetischer Räume bewegen – kennen den Punkt, wo die größte Reibung zwischen dem Einzelnen und der Geschichte stattfindet. (...) Sie sind betroffen, und niemand nimmt ihnen die Last ab, die auch die Last des jungen Borchert war."[31]

31) Heinrich Böll: Nachwort, in: Wolfgang Borchert: *Draußen vor der Tür und ausgewählte Erzählungen*. Hamburg, 2002, S. 120.

Alfred Andersch, der sich als einer der Ersten maßgeblich mit dem Werk Borcherts befasste, schrieb 1948:

> *„Zwischen Abschied und Ankunft steht im Mittelpunkt der borchertschen Welt der Wanderer, der, der sucht; er ist bei ihm ein Gehetzter, einer, der von seinen Erinnerungen und der Frage nach der Schuld gejagt ist. (…) Lauter Leute ohne Ausweg. Lauter Woyzecks. Bei Borchert wird nicht angeklagt – dieser Dichter weiß, dass niemand anzuklagen ist. Nur eines bleibt: fragen. (…) Der Woyzeck ist zu Ende gedichtet, es gibt keine Steigerung mehr."*[32]

Ein solcher Vergleich mit Büchners *Woyzeck* liegt nahe. Doch mag man Andersch hier nicht folgen, auch nicht Rühmkorf, der Beckmann einen „Hinkemann des Zweiten Weltkrieges" nannte.[33] Büchners Soldat Woyzeck wird ein Opfer der ihm durch die Gesellschaft aufgezwungenen Forderungen und Normen, die sein wenig stabiles Selbstwertgefühl überfordern, ebenso wie dies Marie in ihrer Leichtfertigkeit tut. Büchners Drama hat mit sozialen Fragen und Problemen des frühen 19. Jahrhunderts zu tun, mit der individuellen Not eines einzigen Mannes. – Fraglos hat Borcherts Beckmann Ähnlichkeit mit Tollers *Hinkemann*, jenem verlachten Individuum aus dem Ersten Weltkrieg, das an seinem Leid zerbricht. Aber auch Hinkemann ist ein Einzelschicksal, während Beckmanns Fragen die einer ganzen Generation sind.

Orientierung, aber keine Kopie: *Woyzeck* und *Hinkemann*

32) Alfred Andersch: *Das Gras und der alte Mann.* In: Frankfurter Hefte, 3. Jahrgang, Heft 1 (Jan. 1948) S. 927–929.

33) Peter Rühmkorf: *Wolfgang Borchert in Selbstzeugnissen und Bilddokumenten*, S. 134. – Ernst Toller (1893–1939) schrieb seinen *Hinkemann* 1921/22 während der Haft, zu der er 1919 wegen Hochverrats verurteilt worden war und aus der er 1924 entlassen wurde.

Borchert, so haben wir mehrfach ausgeführt, lebte und litt, schrie, schrieb und verstummte ganz unter den traumatischen Erfahrungen des Zweiten Weltkrieges. Dennoch darf *Draußen vor der Tür* nicht als ein autobiografisches Werk gesehen werden. Seine persönliche Situation nach dem Zusammenbruch Nazi-Deutschlands hätte dazu keinen direkten Anlass geboten. Im Gegensatz zu vielen anderen, die heimkehrten, ging es Wolfgang Borcherts zumindest materiell verhältnismäßig ‚gut'. Er kehrte nach Hause zurück, um Jahre früher, als dies vielen anderen vergönnt war, die in russische Kriegsgefangenschaft gerieten. Freunde waren da, die sich um ihn kümmerten. Ein besonderer Glückfall war, dass sein Talent durch einflussreiche Leute gefördert wurde. Autobiografisches bildet sein Drama höchstens sekundär ab. Es ging Borchert ja auch um etwas anderes, um das Schicksal einer ganzen Generation, die gleich Beckmann auf die Frage „Was haben Sie denn so bis jetzt gemacht?" antworten: „Nichts. Krieg: Gehungert. Gefroren. Geschossen: Krieg. Sonst nichts." (S. 31) Es ging Borchert um das Schicksal von Millionen junger Menschen, die – kaum den Kinderschuhen entwachsen – an die Front geschickt und ‚verheizt' worden sind. ‚Dolce et decorum est pro patria mori' (Süß und ehrenhaft ist es, für das Vaterland zu sterben), für dieses ‚Ideal' sind sie ins Feuer geschickt worden. Wer überlebt hatte, sah das anders. In der zweiten Szene des Dramas tackt der Einbeinige mit seiner Krücke als untilgbarer Vorwurf gegen die Sinnlosigkeit von Befehlen und eine vom Durchhaltewahn besessene Obrigkeit über die Bühne. Es gab Schuldige und Verantwortliche. Ihnen gilt Beckmanns Rufen, am Ende ist sein Rufen das Rufen nach Gott.

Borcherts Drama setzte bei alten Werten an, auf die so lange Verlass gewesen war, die nun aber schmählich verraten worden sind. Sie mussten neu (und in einer neuen Sprache) definiert werden. Ihm genügte aber nicht mehr unverbindliche und undurchsichtige „Wurstelei", die, so Friedrich Dürrenmatt, „den Kehraus der weißen Rasse" eingeleitet hatte, „in dem es keine Schuldigen und keine Verantwortlichen mehr gibt."[34] Mit der ihm eigenen komödiantischen Ader suchte Borchert dem Ungeheuerlichen mit Lachen beizukommen. In *Draußen vor der Tür* geriet ihm dieses Lachen nur zu einer Grimasse, über die der Zuschauer, um nicht zu weinen, seinerseits nur lachen kann. Dies fasste Winfried Freund in seiner überzeugenden Interpretation des Dramas in folgende Worte:

> *„Illusionslos und treffsicher zeichnet Borchert die Nachkriegszeit, in der die alten Autoritäten weiterhin das Sagen haben, indem sie die nationalen und militanten Parolen und Phrasen einfach wiederholen. Die Verantwortlichen für das menschliche Desaster, unbelehrbar und unzugänglich, gehen zur Tagesordnung über und behaupten unangefochten ihre gesellschaftliche Stellung. Auf die moralisch verkehrte Welt, in der die Kriegsverbrecher die Geachteten und ihre Opfer die Geächteten sind, reagiert Beckmann mit seiner Groteske vom Knochenxylophon, auf dem der General mit dem litzenähnlichen Blutstreifen an der Hose mit seinen Prothesenarmen Kriegsmärsche trommelt. Der satirisch verzerrten Wirklichkeit kann nicht länger das anklagende Pathos, sondern nur noch die groteske Ungestalt beikommen. Aber was als grausige Entlarvung gemeint ist, wendet der Oberst in die komische Entlastung von dem offenbar Bedrückenden. In der Tat umfasst das Groteske beides: das Grauen wie das Lachen. Während im Grauen die Wahrheit*

34) Friedrich Dürrenmatt in: Daniel Keel (Hg.), *Über Friedrich Dürrenmatt*, Zürich, 1980, S. 13.

des Opfers ansichtig wird, äußert sich im Lachen die Lebenslüge des Täters. Der Schein des faulen Friedens triumphiert über das vom Krieg gezeichnete und zerrüttete Sein. Auf dem Höhepunkt der Handlung, in der exemplarischen Begegnung des einstigen Kommandierenden mit dem Kommandierten, wendet sich das Geschehen endgültig und allem Anschein nach unumkehrbar ins Abschüssige."[35]

Fassen wir die Gedanken in einigen Kernpunkten zusammen:

- *Draußen vor der Tür* lässt sich auf verschiedene literarische Vorbilder zurückführen. Es steht jedoch in keiner direkten Nachfolge eines Schriftstellers, eines Werkes oder einer Epoche. Borchert verwendet Struktur- und Stilmerkmale aus verschiedenen Epochen.
- Es handelt sich nicht um ein autobiografisches Stück im engeren Sinne.
- Borchert stellt kein Einzelschicksal, sondern das einer ganzen Generation dar.
- Alle bis dahin gültigen Werte waren durch den Krieg zerstört oder ad absurdum geführt. Borchert stellt in seinen Dramen Fragen und sucht nach Antworten für ein menschliches Weiterleben.

35) Winfried Freund: *Literatur ohne Antwort*, S. 31 f.

3. Themen und Aufgaben

Zur Arbeit mit einzelnen Texten Borcherts im Unterricht finden sich in der didaktisch-methodischen Literatur der 1960er–80er Jahre vielfältige Anregungen. (⟶ **Literatur**)[36] Wir möchten deshalb an dieser Stelle zunächst zwei denkbare Stundenreihen wenigstens andeuten, die auf das erzählerische Werk Borcherts eingehen, ehe in neunzehn Einzelaufgaben auf das Drama *Draußen vor der Tür* Bezug genommen werden soll.

Stundenreihe A

Diese Reihe bezieht sich auf das Thema **Krieg** in Borcherts Erzählwerk.

Erschließendes Gespräch über die Darstellung des Themas „Krieg" in Film und TV

Fokussierung auf Schriftsteller, die sich mit diesem Thema in Romanen, Erzählungen, Gedichten und Theaterstücken befasst haben (durch Plakat/Folie unterstütztes „brainstorming")

Frage/Klärung der „Authentizität" (Zeitzeugen)

36) Wir verzichten hier auf detaillierte Aufrisse der vorgeschlagenen Unterrichtsreihen, weil sich dieser Erläuterungsband an Lernende und nicht vorzugsweise an Unterrichtende wendet.

Borchert als „Zeitzeuge"
biografischer Exkurs
Schülerreferat/denkbar: Erschließung über das Internet — → Literatur)

Beispiele aus dem Erzählwerk:

Die Kegelbahn/An diesem Dienstag/Marguerite/Dann gibt es nur eins!
(verteilte Leseaufgaben mit anschließender Diskussion in der Klasse)

Fixierung der Leseeindrücke;
Vertiefung (denkbar: Unterstützung durch ausgewählte Texte aus der Sekundärliteratur)

Stundenreihe B

Diese Stundenreihe bezieht sich auf Borcherts
Sprache in ausgewählten Erzählungen:

Lesevortrag (Lehrer/Audio-Text) der Erzählung *Schischyphusch* (Lese-/Hörpause wegen der Länge der Erzählung; kurze wiederholende Anknüpfung vor der Fortsetzung)

Erkundung ihrer sprachlichen Besonderheiten (Kleingruppenarbeit; jede Kleingruppe hält ihre Beobachtungen auf einem großformatigen Papier fest und trägt dann vor)

Überprüfen und Ergänzen (gelenktes Gespräch), sofern wesentliche Merkmale fehlen

Lerngruppe erschließt aus weiteren ausgewählten Erzählungen, die in Kopien vorliegen, übereinstimmende Merkmale

Erstellen einer **Matrix**, aus der sich die Besonderheiten der borchertschen Literatursprache ablesen lassen

für beide Reihen jeweils **4-6 Unterrichtsstunden**

Themen/Aufgaben zum Drama *Draußen vor der Tür*:
(Die mit einem zusätzlichen „K" gekennzeichneten Aufgaben wollen zu „kreativ-produktiver" Arbeit anregen; die Kapitelverweise stellen die Lösungstipps dar)

▶ Erstellen Sie eine **Übersicht** mit Texten, Daten und Fotos der Zeit zu Wolfgang Borcherts Leben. (K)	Kap. 1.1; 1.2; 5.
▶ Stellen Sie eine **Liste mit einigen Titeln** aus Borcherts Gesamtwerk zusammen und begründen Sie Ihre Auswahl.	Kap. 1.3; 2.6
▶ Entnehmen Sie dem Drama solche Angaben, die unmittelbar biografisch sind und **Borcherts eigene Heimkehrersituation** spiegeln.	Kap. 1.1; 1.2
▶ Stellen Sie in einer eigenen **Grafik** Handlungsverlauf und Aufbau des Dramas dar. (K)	(Kap. 2.3)

▶ Schreiben Sie das **Geschehen in 10 Sätzen** nieder.	Kap. 2.2
▶ Schreiben Sie eine **fiktive Biografie** zu einer der Nebenfiguren (Oberst, Kabarettdirektor). (K)	
▶ Gestalten Sie einen **Dialog** zwischen Frau Kramer und einer anderen Hausbewohnerin, in dem sich die beiden über den seltsamen Besucher (Beckmann) lustig machen. (K)	
▶ Schreiben Sie einen **Abschiedsbrief**, den Beckmanns Eltern ‚hinterlassen' haben und der nach ihrem Tod aufgefunden worden ist. (K)	
▶ Schreiben Sie einen **Brief Beckmanns**, in dem er einem Bekannten über seinen letzten Besuch bei seinen Eltern erzählt. (K)	
▶ Zeigen Sie die sprachlichen **Besonderheiten expressionistischer Dichtung** in Stichwörtern auf. – Legen Sie **Borcherts davon abweichende Ausdrucksabsicht** dar. Konkretisieren Sie Ihre Aussagen an einem ausgewählten Textbeispiel.	Kap. 1.3; 2.6; 2.7; 5.
▶ Stellen Sie die von Borchert bevorzugten **Themen/Texte** in einer Übersicht dar. – (**Gesamtwerk!**)	Kap. 1.3; 2.6

▶ Schreiben Sie **Bühnenanweisungen** zu den einzelnen Szenen des Dramas entsprechend den von Borchert in einem Brief (s. S. 25) geäußerten Grundgedanken. (K)	Kap. 2.1
▶ *Draußen vor der Tür* hat Elemente der Tragikomödie. – Stellen Sie Merkmale sowohl der Tragödie als auch der Komödie heraus und verdeutlichen Sie in wenigen Sätzen die **tragikomischen Elemente** in Borcherts Drama.	Kap. 2.3; 2.4; 2.7.
▶ Holthusen und Guthke haben sich sehr kritisch zu Borcherts Drama geäußert (s. S. 40). – Schreiben **Sie Ihre eigene Ansicht** zu dem Drama. – Nehmen Sie dann aber auch die Gegenposition ein.	Kap. 2.4; 4; 5.
▶ Schreiben Sie eine **Leseempfehlung** für eine Abschlussklasse 10, die Sie zur Auseinandersetzung mit Borchert anregen möchten. (K)	Kap. 1.3; 2.6; 2.7; 4.; 5.
▶ Gestalten Sie eine **Text-Bild-Collage/ein Plakat** zu *Draußen vor der Tür*. (K)	
▶ Stellen Sie einen **sound track** zu dem Drama zusammen. Begründen Sie Ihre Musikauswahl im Szenenzusammenhang. Legen Sie ein **musikalisches ‚Leitmotiv'** fest. (K)	

- Stellen Sie eine Auswahl von **Borchert-links** aus dem Internet zusammen und kommentieren Sie Ihre Auswahl kurz. (Literatur)

- Entwerfen/Gestalten Sie eine eigene **Borchert-Homepage**. (K)

4. Rezeptionsgeschichte

Wolfgang Borcherts Drama *Draußen vor der Tür* ist seit mehr als fünfzig Jahren präsent. Wohl schienen zwischenzeitlich die Identifikationsmomente für Leser und Publikum verloren gegangen zu sein. Neue Zeiten – andere Probleme. Das Entsetzen über das Zurückliegende verblasste; andere Schreckensszenarien überlagerten die Ereignisse um den Zweiten Weltkrieg. Was hatte die nachrückende Generation der heute 20-/30-Jährigen mit den Irrtümern und Verfehlungen ihrer Großväter zu tun? Für die jungen Menschen von heute ist die Hitler-Zeit so etwas wie eine steinzeitliche Vergangenheit. Dennoch: Mag das Zeitdokumentarische des Stückes seine Wirkung auch getan haben, seine Modernität überrascht überall, auch bei der jüngeren Generation. Borcherts Fragen, so scheint es, sind zeitlos gültig. Es sind Fragen, die sich, ganz unabhängig von politischen Ereignissen, junge Menschen von heute immer wieder sehr klar und ernsthaft stellen: Fragen nach Gott und Glauben, nach Schuld und Vergeben, nach Liebe und Moral.

Borcherts Stimme – Wirken über die Zeit hinaus

Um die ‚innere Stimme' seines Stückes, seiner Dichtung überhaupt, zu vernehmen, bedarf es keiner Trümmer-Topografie. Vielleicht spürt die junge Generation unserer Tage sehr deutlich das „Draußen-vor-der-Tür-Stehen", das Ausgeschlossensein, das Entmutigende eines Fragens, ohne Antwort zu bekommen, angesichts der zunehmend größer werdenden Kältezonen in unserer Gesellschaft, angesichts alltäglicher Herzlosigkeiten und moralischer Bedenkenlosigkeit politischer Verantwortungsträger. Vielleicht ist Wolfgang Borchert deshalb die alte (und wieder neue) Stimme der Jugend, vielleicht auch, weil es derzeit wenig glaubwürdige Dich-

tung gibt, die von der jungen Generation angenommen wird: „*Draußen vor der Tür*", so befindet Winfried Freund, „ist ein Stück Gegenwartsliteratur, die an die Stelle spekulativer Ideale die Erfahrung des Mangels setzt."[37] Borchert (be)schreibt den Mangel konkret und nachvollziehbar, darum überzeugend.
Nach seinem Erscheinen wurde *Draußen vor der Tür* im Ausland nicht weniger rasch bekannt als in Deutschland selbst. Es lagen bald Übersetzungen in vielen europäischen Ländern vor, so in Dänemark, England, Frankreich und Schweden, aber auch in Japan und in den USA. Anfang der 1970er Jahre waren mehr als eine Million Taschenbücher des Stückes verkauft, zwanzig Jahre später waren es bereits über zwei Millionen. Unter dem Titel *Liebe 47* wurde das Stück 1948 auch verfilmt (Regie und Drehbuch: Wolfgang Liebeneiner), 1974 bühnenmusikalisch von Geza Fedor eingerichtet (Oper).

Auf die Hörspielfassung von *Draußen vor der Tür* erfolgten nahezu ausschließlich affirmative Stellungnahmen:

„Das Hörspiel hat die Verzweiflungsatmosphäre deutscher Bahnhofsbunker, in denen die abgerissenen und abgezehrten Heimkehrer die Aussichtslosigkeit ihres Daseins zu spüren bekommen. Hier ist der tastende Versuch, ein ungeheures Erleben in dichterische Form zu kleiden."[38]

37) Winfried Freund: *Literatur ohne Antwort*, S. 43.
38) *Der Spiegel*, Nr. 2, 1947, in: Winfried Freund-Walburga Freund-Spork, S. 52.

Noch ganz unter dem Eindruck der kaum vergangenen Schrecken versucht Gerhard Sanden eine erste Einordnung des Dramas in Zeit und Literaturgeschichte:

„Borcherts Werk verrät in der ungleichartigen Schichtung bestürzend starker Szenen und theatralisch hoffnungsloser Wiederholungen äußerlich den Einfluss amerikanischer Epik, innerlich die sich immer wieder zur Gestaltung aufraffende Mattheit eines Schwerkranken. Dies Werk ist dem Tod aus dem Rachen gerissen, das soll uns wichtiger sein als seine literarische Herkunft. Die eigenwillige Sprachkraft und die Gewalt apokalyptischer Geschichte werden der Dichtung in Deutschland ihren Ruhm bewahren."[39]

Friedrich Luft kritisiert in seiner Rezension die „heimliche Lust an der Ungeheuerlichkeit des eigenen Leidens", die Borchert durch seinen Helden an den Tag legt:

„Von einer vorrückenden, gedanklich fördernden Handlung ist hier keine Rede. Ein dialogisiertes Klagelied hebt an, ein szenisches Lamento. (...) Borchert spült seinen negativen Helden durch viele Gossen des Elends. (...) Immer wieder versucht er sein Glück vor den Türen, von der Lust zum Tode durch den ‚Anderen' immer wieder auf den Weg des Lebens gestoßen. (...)
Ein Hiob mit einer Hoffährtigkeit im Ducken vor den Schlägen des Schicksals, dass unser betrachtendes Mitleid schon nach den ersten mit Symbolismen vollgestellten Bildern sehr erschöpft ist. Der Rest ist eine Qual, ein neurotisches Lamento bis zum vagen Ende mitanhören zu müssen."[40]

---

39) *Die Welt* am 25. November 1947, in: Winfried Freund–Walburga Freund-Spork, S. 58.
40) *Die Neue Zeitung* (Berlin) am 24. April 1948.

Einer einfachen Frage gilt Hans Schwab-Felischs Aufmerksamkeit, der nach dem Bewusstsein jener Generation, die in der Zwischenzeit ihr Leben aufgeräumt hat:

„Die Beckmänner von damals sind die Fünfzigjährigen von heute. Eine einfache Überlegung, aber man muss sie erst einmal anstellen. (...) Man glaubte diesen szenischen Protest gegen Krieg und Gleichgültigkeit längst, als einen letzten expressionistischen Versuch, begraben in den Schubladen der Zeit- und Literaturgeschichte. Die simple Frage aber, wo steht die Generation heute, für die er einst stand, hat ihn überraschend wiederbelebt."[41]

Die Gültigkeit von Borcherts Aussagen und die Notwendigkeit, sein Stück auch in unserer Zeit wieder aufzuführen, unterstreicht F. J. Bröcker in einer Rezension (1985) nachdrücklich:

„Vier Jahrzehnte sind ins Land gegangen, und das Kriegsende – und trotz seiner Präsenz in Lesebüchern – auch Wolfgang Borchert sind in Vergessenheit geraten. So steht es gerade einem Stadttheater wie dem Nürnberger gut an, die Spielzeit 1985/86 mit diesem Stück zu eröffnen. Draußen vor der Tür *ist mittlerweile ein schweres Stück geworden; nicht, weil es zu kompliziert gebaut, zu unverständlich wäre (es ist ja eher von einfacher Machart); sondern weil es auf eine Zeit, auf Verhältnisse und auf Generationen trifft, die sich nicht mehr erinnern können oder wollen, für die diese Vergangenheit Geschichte ist oder zur ‚bewältigten', tatsächlich aber eher verdrängten Geschichte gemacht wurde."*[42]

---

41) *Frankfurter Allgemeine Zeitung* am 11. März 1968.

42) *Fränkischer Tag* (Bamberg) am 22. September 1985, in: Winfried Freund-Walburga Freund-Spork, S. 66.

Auch von Hartmut Zeeb wird die ungebrochene Aktualität der Fragen herausgestellt, die Borchert in seinem Stück herausschrie:

„Die existenziellen Fragen des Stückes sind nicht an seine Entstehungszeit gebunden.(…)
Beckmanns Sibirien könnte ebenso Vietnam heißen, sein Stalingrad Tuzla oder Gorazde. Niederträchtige Profiteure, tragische Verlierer, schlechtes Gewissen und Hilflosigkeit gibt es überall, wo Verbrechen gegen die Menschheit begangen werden. Der blutrote Himmel des Bühnenbildes beleuchtet auch das verwüstete Grosny."[43]

43) *Stuttgarter Nachrichten* am 18. April 1995, in: Winfried Freund–Walburga Freund-Spork, S. 72.

5. Materialien

In diesem Kapitel haben wir elf Ausschnitte aus Beiträgen zur ‚Standortbeschreibung' von Borcherts Drama (Nähe zu „Mysterienspiel" und zum „Expressionismus") sowie zum Leben im Kriegs-/Nachkriegsdeutschland zusammengestellt.

(1) Borcherts ‚Anleihen' beim Expressionismus werden in der präzisen, die Sprache der Epoche betreffenden Beschreibung bei Otto Bantel deutlich:

„Nicht mehr der Satz, nicht mehr die syntaktische Fügung kann Ausgangspunkt der Dichtung sein, sondern das Wort, und zwar das Wort in seiner unmittelbarsten klanglichen, rhythmischen und bildhaften Gestaltung. Die Verbindung zwischen den Wörtern wird diktiert von einer künstlerischen, nicht von einer grammatischen Logik. Das heißt, die klangliche, rhythmische und bildliche Fügung der Wörter muss genau dem künstlerischen Vorstellungs- und Gefühlsgehalt entsprechen, der sich ausdrücken will, sie darf sich nicht außerkünstlerischen, grammatischen und konventionellen Sprachformen beugen. Um die Unmittelbarkeit und Ursprünglichkeit des Ausdrucks zu sichern, werden die überlieferten Wörter und Wortbedeutungen in jeweils neuartige klangliche, rhythmische und bildhafte Verbindungen gebracht, so dass sich die Wörter gleichsam mit neuen Wortbedeutungen aufladen, die den erlebten Gefühls- und Vorstellungsgehalt unmittelbar ausdrücken. (...)
Sein Verkündigungswille drängte den E. auch zur Bühne. Es entstand, nach dem Vorgang Strindbergs, ein symbolstarkes Ideendrama von mehr episch ruhender, offener als dramatisch konflikthafter, geschlossener Struktur."[44]

44) Otto Bantel: *Grundbegriffe*, S. 32. – Zum ersten Abschnitt in diesem Zitat siehe Wilhelm Emrich: *Protest und Verheißung*, in: Otto Bantel, S. 32. Der zweite Absatz ist von Otto Bantel selbst.

(2) Zu Borcherts Verwendung von Elementen des „Mysterienspiels“ schreibt Thomas Köbner:

„Der Zerfall einer alten Weltordnung war durch den Krieg handgreiflich bestätigt worden. Das Bild, das man sich von transzendentalen Qualitäten machte, verblasste im Vergleich zum Schreckbild einer bedrängenden Umwelt. Man personifizierte Begriffe von Gott, Tod oder Leben jedoch auf der Bühne, um vom zerstörten Zustand der Projektionen menschlichen Bewusstseins auf den Zustand dieses Bewusstseins selbst zu schließen. Man schwor nur der überlieferten Sakralität des Streitgesprächs zwischen Gott und Tod, des Auftritts der überirdischen Mächte ab und benutzte diese als Handlungsschablone. (...)
Der Autor bemüht die Ruine des allegorischen Mysterienspiels, um die Abwesenheit eines Heilsplans vorzuführen oder nach der Lehre des Krieges zu fragen – ohne Hoffnung darauf, eine Antwort zu erhalten.“[45]

(3) In welcher Weise Wolfgang Borchert sich des „Stationendramas“ bediente, macht Peter Szondi in seinem Beitrag zum modernen Drama klar:

„Die erste bedeutende dramatische Richtung des neuen Jahrhunderts und bis heute die einzige, zu der sich eine ganze Generation bekannte, fand ihre Antwort auf die Krise des Dramas, der sie entsprang, nicht selber, sondern übernahm sie von jenem großen Einzelgänger, der sich in den letzten Jahren des alten vom Drama am weitesten entfernt hatte. In ihrer Form ist die Dramatik des deutschen Expressionismus (etwa 1910 bis 1925) der strindbergschen Stationentechnik verpflichtet. (...)

---

45) Thomas Köbner: *Dramatik und Dramaturgie seit 1945*, in: Winfried Freund–Walburga Freund-Spork, S. 89 f.

Der Expressionismus übernimmt Strindbergs Stationentechnik als Dramenform des Einzelnen, dessen Weg durch eine entfremdete Welt er anstelle zwischenmenschlicher Handlungen zu gestalten sucht. (...)
Die Ich-Dramatik des Expressionismus gipfelt paradoxerweise nicht in der Gestaltung des vereinsamten Menschen, sondern in der schockartigen Enthüllung vor allem der Großstadt und deren Vergnügungsstätten. (...)
Freilich wird der Mensch in der expressionistischen Dramatik aus verschiedenen Gründen zum Einzelnen. (...) Die zwangsläufige Abstraktheit und Leere des Einzelnen, die schon Strindbergs Stationendramen bezeugen, erhält hier ihre theoretische Untermauerung: Der Mensch wird vom Expressionismus bewusst als Abstraktum anvisiert. Und indem auf die zwischenmenschlichen ‚Zusammenhänge, die das Bild des Menschlichen verschleiern' sollen, stolz verzichtet wird, erfolgt Absage an die dramatische Form, die sich aber dem modernen Dramatiker, weil jene Zusammenhänge brüchig geworden sind, selber versagt.“[46]

(4) Eine knappe Einordnung des Schriftstellers Wolfgang Borchert in den Entwicklungskontext der deutschen Literatur nach 1945 nimmt Heinz Ludwig Arnold vor:

„Die ersten literarischen Wortführer in dieser unter dem unmittelbaren Eindruck von Nationalsozialismus und Krieg stehenden Zeit waren Wolfgang Borchert und Heinrich Böll. Borcherts Hörspiel Draußen vor der Tür, *1947 uraufgeführt, und Heinrich Bölls Erzählung* Der Zug war pünktlich *(1949) artikulieren beispielhaft ein Generationsgefühl, das vor allem Reaktion auf vorgefun-*

---

46) Peter Szondi: *Theorie des modernen Dramas*, S. 105–108.

dene und selbst erlebte Geschichte war: Borcherts Figur Beckmann fordert Rechenschaft von jenen, die ihn in den Krieg jagten und zum Krüppel machten; der Soldat Andreas bei Böll erfährt sein Überleben im Krieg als Zufall. Beiden ist der Krieg eine gnaden- und sinnlose Verwüstung des Menschen, und die Protagonisten beider Schriftsteller sind die typischen Vertreter einer sich als ohnmächtig, geschlagen, verloren empfindenden Generation. Sie artikulieren jenes Lebensgefühl, das auch Günter Eich mit seinen nüchtern-lakonischen Gedichten formulierte, jenen Bestandsaufnahmen, die nur noch aufzählen konnten, was der Krieg übrig gelassen hatte. In dieser Literatur, die sich doch im Aufbruch befand, erscheint das Individuum noch ganz zurückgeworfen auf seine nackte, leidende, zufällige Existenz."[47]

(5) Karin Kathrein bringt die Stellung und Bedeutung von Borcherts Drama im Vergleich mit anderen dramatischen Werken der Zeit auf einen kritischen Nenner:

„Drei Dramen kündigten nach der Zäsur durch das Hitlerregime, nach den Zerstörungen des Zweiten Weltkrieges einen Neubeginn an, der das Geschehene zu verarbeiten suchte: Zuckmayers Des Teufels General, *Borcherts* Draußen vor der Tür *und Weisenborns* Die Illegalen.
Wolfgang Borchert (1921–1947) konnte die Uraufführung seines Heimkehrer-Dramas Draußen vor der Tür *(1947) nicht mehr erleben; er starb einen Tag vor der Premiere, vom Krieg geschwächt und zerbrochen. Das Drama ist der Aufschrei einer durch den Krieg um ihre Jugend, ihre Ideale, ihr Leben betrogenen Generation, ein allerdings auch in Selbstgefühl erstickendes Klagelied, das mit Mitteln des expressionistischen Dramas die düsteren*

47) Heinz Ludwig Arnold: *Die westdeutsche Literatur*, S. 32 f.

Stationen eines Heimkehrerschicksals nachzeichnet und Borcherts Zeitgenossen nachhaltig beeindruckte. (...)
Zwischen 1950 und 1960 setzte eine erste Flut von Dramen der Vergangenheitsbewältigung ein, in redlicher aufklärerischer Absicht, oft aus der unmittelbaren Erfahrung geschrieben, doch meist distanzlos und ohne dramatische Durchschlagskraft. (...)
Daneben zogen sich die Dramatiker aus der noch unausgegorenen gesellschaftlichen und politischen Situation ihres Landes häufig in die Allegorie und Parabel zurück."[48]

---

(6) Der bekannte Schriftsteller Sebastian Haffner bezeichnet bereits den Kriegsbeginn mit Russland als den eigentlichen Beginn des Untergangs:

„Solange Hitler in Russland noch einen ähnlich schnellen Sieg erhoffte wie ein Jahr zuvor in Frankreich, verband er damit die Hoffnung auf ein Einlenken Englands, da es mit Russland seinen letzten ‚Festlandsdegen' verloren haben würde. Er hat das oft ausgesprochen. (...) Er durfte nicht in Ländern als Massenmörder auftreten, aus denen alles, was dort geschah, sofort in England bekannt wurde. Was er in Polen und Russland tat, mochte er hoffen, wenigstens so lange der Krieg dauerte, vor der Außenwelt geheim halten zu können; Massenmord in Frankreich, Holland, Belgien, Luxemburg, Dänemark, Norwegen, auch in Deutschland selbst, musste dagegen sofort in England bekannt werden und Hitler dort endgültig unmöglich machen, wie es ja auch geschah: Die Proklamierung der ‚Bestrafung für diese Verbrechen' als neues westliches Kriegsziel datiert vom Januar 1942."[49]

---

48) Karin Kathrein: *rororo Schauspielführer*, S. 392 f.
49) Sebastian Haffner: *Anmerkungen*, S. 138 f.

(7) In ihren *Erinnerungen an Ostpreußen*, wohin sie als junge Lehrerin von Köln aus geschickt worden war, schreibt Marianne Peyinghaus über die letzten Monate des Krieges:

„Ich kann niemandem mehr schreiben – alle Verbindungen sind abgebrochen. Im Westen rücken die Amerikaner schnell vor, und die feindlichen Flieger beherrschen das Land. Und im Osten der russische Ansturm – Ostpreußen, Schlesien, alles geht verloren. (...) Ich höre von niemandem mehr. Das Unabwendbare lähmt mich. Ich lebe mein Leben wie durch einen Schleier. Wir haben nichts zu tun. (...) Man hört nichts als Schreckensmeldungen.“[50]

(8) Ein Überlebender aus Theresienstadt berichtet:

„Wir wussten, dass das Dritte Reich zusammengebrochen war und dass unsere Befreiung eine Sache von Tagen, wenn nicht von Stunden war. Doch für die Menschen hier, die nach so vielen Jahren der Hungersnot und der Strapazen der Todesmärsche erschöpft waren, schienen diese Stunden des Wartens auf die Befreier zu lang zu dauern. Jede Stunde glich einer Ewigkeit. Viele von uns lagen schon in Agonie. (...) Es bestand kein Zweifel darüber, dass für diese Menschen die Befreiung zu spät kam. Für alle anderen war diese Zeit des Wartens zu einem tragischen Wettrennen geworden, auf dessen Ende wir alle gespannt warteten: Was würde eher eintreten, die Befreiung oder der Tod durch Hungersnot?“[51]

---

50) Marianne Peyinghaus: *Stille Jahre in Gertlauken*, S. 203.
51) Shmül Krakowski: *Theresienstadt*, in: Werner Filmer/Heribert Schwan (Hrsg.), Mensch, der Krieg ist aus, S. 202.

(9) Die spätere Bundestagspräsidentin Annemarie Renger erlebt den 8. Mai 1945 als einen für sie absolut richtungweisenden Tag ihres Lebens:

„Der ganze Irrsinn des Krieges und seine tragischen Folgen wurden an diesem Tag ebenso überdeutlich wie der abgrundtiefe menschenverachtende Zynismus der Nazis, die ein ganzes Volk zu Grunde gehen ließen, um ihr jämmerliches Leben zu verlängern. Zu einer Einstellung gegen Krieg und Unrecht in meinem Elternhaus erzogen, war es auch dieses Erleben des Missbrauchs der Menschen durch eine Clique, die ihre Interessen als Interessen des deutschen Volkes ausgab, das meinen politischen Weg bestimmte, überall in der Welt gegen ideologische Demagogie, gegen Unmenschlichkeit und Entrechtung anzukämpfen."[52]

(10) Über die erste Wiederbegegnung mit seiner zerstörten Heimatstadt Köln und zum Wohnen in den Ruinen schreibt Heinrich Böll:

„Als wir Köln wiedersahen, weinten wir. Wir kamen über die geländerlose, von Lehm glitschige Behelfsbrücke von Deutz herüber, ein englischer Panzer, der uns entgegenkam und ins Rutschen geriet, drängte uns fast in den Rhein. Wieder und noch einmal: Todesangst.
Das zerstörte Köln hatte, was das unzerstörte nie gehabt hatte: Größe und Ernst. Das Schicksal war in seiner Unbarmherzigkeit genau gewesen. Die Zerstörung war vollständig und kriegstechnisch vollkommen sinnlos: Das war der angemessene Ort, in dem wir leben wollten. Tränen und von Allerheiligen noch die Kränze und Blumen auf den Trümmergrundstücken."[53]

---

52) Annemarie Renger: *Wenn man besiegt ist*, in: Werner Filmer/Heribert Schwan (Hrsg.), Mensch, der Krieg ist aus, S. 289.

53) Heinrich Böll: *Aufsätze – Kritiken – Reden*, in: Viktor Böll (Hrsg.), Heinrich Böll und Köln, S. 104.

„Staub, Puder der Zerstörung drang durch alle Ritzen, setzte sich in Bücher, Manuskripte, auf Windeln, aufs Brot und in die Suppe; er war vermählt mit der Luft, sie waren ein Leib und eine Seele; jahrelang die tödliche Qual gegen alle Vernunft, gegen alle Hoffnung als Sisyphus und Herakles diese Unermesslichkeit des Staubs zu bekämpfen, wie ihn eine zerstörte Stadt von den Ausmaßen Kölns hervorbrachte; er klebte auf Wimpern und Brauen, zwischen den Zähnen, auf Gaumen, allen Schleimhäuten, in Wunden – jahrelang dieser Kampf gegen die Atomisierung unermesslicher Mengen von Mörtel und Stein."[54]

(11) Agnes Miegel, die bekannte Dichterin aus Königsberg, schreibt aus einem Flüchtlingslager in Dänemark am 13. August 1946 an eine deutsche Freundin:

„Wann, wie, wohin wir von hier fortkommen, wissen wir nicht, erfahren es ja erst ganz kurz vor dem Abtransport. Wo wir 250.000 Flüchtlinge auch noch in den flüchtlingsüberfüllten Zonen hin sollen, ist mir ein Rätsel, die meisten kommen doch (...) vollkommen als Bettler. Ich bin jeden Tag dankbar für diese Zuflucht, das letzte ruhige Asyl, das ich auf dieser Welt wohl haben werde.
Ich habe keine Sehnsucht fortzukommen, auch Deutschland ist Fremde für mich, das heißt keine Heimat mehr."[55]

---

54) Heinrich Böll: *Vermintes Gelände*, in: Viktor Böll (Hrsg.), Heinrich Böll und Köln, S. 111.
55) Agnes Miegel in einem Brief aus Oksböl am 13. 08. 1946, in: Agnes Miegel, *O Erde Dänemarks*, S. 34.

Literatur

Wolfgang Borchert: *Draußen vor der Tür und ausgewählte Erzählungen.* Mit einem Nachwort von Heinrich Böll. Hamburg, 2002
(Nach dieser Ausgabe wird zitiert.)

Wolfgang Borchert: *Das Gesamtwerk.* – Mit einem biografischen Nachwort von Bernhard Meyer-Marwitz. Hamburg, 1984

Wolfgang Borchert: *Die traurigen Geranien und andere Geschichten aus dem Nachlass.* Herausgegeben mit einem Nachwort von Peter Rühmkorf. Hamburg, 1962

Andersch, Alfred: *Das Gras und der alte Mann.* In: Frankfurter Hefte, 3. Jahrgang (1948), Heft 1, S. 927–929

Gumtau, Helmut: *Wolfgang Borchert.* Berlin, 1969 (Köpfe des XX. Jahrhunderts)

Holthusen, Hans E.: *Der unbehauste Mensch.* Zweite Aufl., München, 1962

Mennemeier, Norbert: *Ein Dramatiker der Stunde Null.* Wolfgang Borchert. In: N. M.: Modernes deutsches Drama. Band 2. München, 1975, S. 148–159

Müller-Michaels, Harro (Hrsg.): *Deutsche Dramen.* Interpretationen zu Werken von der Aufklärung bis zur Gegenwart. Bd. 2: Von Hauptmann bis Botho Strauss. 2. Aufl., Königstein i. Ts., 1985

Rothmann, Kurt: *Wolfgang Borchert*. In: Rothmann, Kurt (Hrsg.): Deutschsprachige Schriftsteller in Einzeldarstellungen. Stuttgart, 1985

Rühmkorf, Peter: *Wolfgang Borchert in Selbstzeugnissen und Bilddokumenten*. Reinbek b. Hamburg, 1995 (rowohlts monographien Band 58)

Schröder, Claus R.: *Draußen vor der Tür. Eine Wolfgang-Borchert-Biografie*. Zweite Aufl., Berlin, 1989

Wolff, Rudolf (Hrsg.): *Wolfgang Borchert. Werk und Wirkung*. Bonn, 1984

Arnold, Heinz L.: *Die westdeutsche Literatur 1945–1990*. Ein kritischer Überblick. München, 1995 (dtv)

Durzak, Manfred: *Deutsche Literatur der Gegenwart*. Aspekte und Tendenzen. Stuttgart, 1976

Franke, Hans-Peter: *Geschichte der deutschen Literatur*. Von 1945 bis zur Gegenwart. Stuttgart, 1987

Frenzel, Herbert A./Frenzel, Elisabeth: *Daten deutscher Dichtung*. Chronologischer Abriss der deutschen Literaturgeschichte. Band II. Vom Biedermeier bis zur Gegenwart. Zwölfte Aufl., München, 1976

Mayer, Hans: *Die umerzogene Literatur.* Deutsche Schriftsteller und Bücher 1945–1967. Berlin, 1988

Richter, Hans W.: *Im Etablissement der Schmetterlinge.* Einundzwanzig Portraits aus der Gruppe 47. Zweite Aufl., München, 1993

Brauneck, Manfred (Hrsg.): *Das deutsche Drama vom Expressionismus bis zur Gegenwart.* Dritte Aufl., Bamberg, 1977

Daiber, Hans: *Deutsches Theater seit 1945.* Stuttgart, 1976

Guthke, Karl S.: *Die moderne Tragikomödie.* Theorie und Gestalt. Göttingen, 1968

Hinck, Walter: *Das moderne Drama in Deutschland.* Göttingen, 1973

Kathrein, Karin: *rororo Schauspielführer. Von Aischylos bis Botho Strauss.* Reinbek b. Hamburg, 1997

Szondi, Peter: *Theorie des modernen Dramas* (1880–1950). Elfte Aufl., Frankfurt a. M., 1975 (edition suhrkamp)

Balzer, Bernd: *Wolfgang Borchert. Draußen vor der Tür.* Grundlagen und Gedanken zum Verständnis des Dramas. Dritte Aufl., Frankfurt a. M., 1991. [Zit. als: Balzer: Grundlagen]

Freund, Winfried: *Literatur ohne Antwort.* Wolfgang Borchert: Draußen vor der Tür. In: Interpretationen. Dramen des 20. Jahrhunderts. Bd. 2. Stuttgart, 1996, S. 27–44

Freund, Winfried/Freund-Spork, Walburga: *Erläuterungen und Dokumente. Wolfgang Borchert: Draußen vor der Tür.* Stuttgart, 1996 (Reclam: Universal-Bibliothek Nr. 16004)

Große, Wilhelm (Hrsg.): *Materialien zu Wolfgang Borcherts Draußen vor der Tür.* Stuttgart, 1980

Guthke, Karl S.: *Wolfgang Borchert. Draußen vor der Tür.* In: Manfred Brauneck (Hrsg.): Das deutsche Drama vom Expressionismus bis zur Gegenwart, S. 112–117 (siehe oben)

Poppe, Reiner: *Königs Erläuterungen und Materialien. Wolfgang Borchert. Draußen vor der Tür und ausgewählte Kurzgeschichten.* Hollfeld, 1995 (Bange)

Rupp, Gerhard: *Wolfgang Borchert: Draußen vor der Tür.* In: Harro Müller-Michaels (Hrsg.): Deutsche Dramen. Interpretationen, S. 86–111 (siehe oben)

Schulze, Wolfgang: *Wolfgang Borchert: Draußen vor der Tür.* Ein Interpretationsversuch im Deutschunterricht. In: Wirkendes Wort 13 (1963), S. 115–122

Schwitzke, Heinz: *Das Hörspiel.* Köln/Berlin, 1963. Darin zu Wolfgang Borcherts Hörspiel *Draußen vor der Tür*, S. 280–287

Spender, Stephen: *Introductions to The Man Outside.* London, 1952

Doderer, Klaus: *Die Kurzgeschichte in Deutschland.* Ihre Form und Entwicklung. Diss., Marburg, 1952

Kilchenmann, Ruth: *Die Kurzgeschichte.* Stuttgart, 1967

Nentwig, Paul: *Dichtung im Unterricht.* Dritte Aufl., Braunschweig, 1966

Ders.: *Die moderne Kurzgeschichte im Unterricht.* Interpretationen und methodische Hinweise. Aachen, 1990 (Hahner Verlag)

Salzmann, Wolfgang: *Stundenblätter Draußen vor der Tür.* Kurzgeschichten für die Sekundarstufe I. Stuttgart, 1990

Skorna, Hans-J.: *Die Kurzgeschichte der Nachkriegszeit im Unterricht.* Ratingen, 1967

Thiemermann, Franz-J.: *Kurzgeschichten im Deutschunterricht.* Bochum, 1967

Ulshöfer, Robert: *Der magische Realismus in Wolfgang Borcherts Kurzgeschichten.* In: Der Deutschunterricht 7 (1955), S. 36–40

Zimmermann, Werner: *Deutsche Prosadichtungen der Gegenwart als Gestaltganzes, dargestellt an einer Kurzgeschichte von Wolfgang Borchert.* In: Wirkendes Wort 5 (1954/55), Heft 2, S. 97–105

Bantel, Otto: *Grundbegriffe der Literatur*. Frankfurt a. M., 1974

Böll, Viktor (Hrsg.): *Heinrich Böll und Köln*. Mit einer Wanderung durch Heinrich Bölls Köln von Martin Stankowski. Köln, 1994

Keel, Daniel (Hrsg.): *Über Friedrich Dürrenmatt*. Werkausgabe in 30 Bänden in Zusammenarbeit mit dem Autor. Zürich, 1980.

Neis, Edgar: *Epochen deutscher Literatur. Impressionismus und Expressionismus in deutscher Literatur*. Hollfeld, 1983 (Bange Verlag)

Flügge, Manfred: *Wider Willen im Paradies*. Deutsche Schriftsteller im Exil in Sanary-sur-Mer. Berlin, 1996 (Aufbau Taschenbuch Verlag)

Fuchs, Thomas: *A Concise Biography of Adolf Hitler*. New York, 2000

Haffner, Sebastian: *Anmerkungen zu Hitler*. Frankfurt a, M., 1991 (Fischer Verlag)

Filmer, Werner/Schwan, Heribert: *Mensch, der Krieg ist aus*. Zeitzeugen erinnern sich an den 8. Mai 1945. Düsseldorf, 1995 (Econ Taschenbuch)

Miegel, Agnes: *O Erde Dänemarks*. Gedichte und Briefe aus Oksböl. Mit einer Einführung von Marianne Kopp. Bad Nenndorf, 1997 (Agnes-Miegel-Gesellschaft)

Peyinghaus, Marianne: *Stille Jahre in Gertlauken*. Erinnerungen an Ostpreußen. Berlin, 1985 (Siedler); Sonderausgabe, 2000

Zitelmann, Rainer: *Adolf Hitler*. Eine politische Biografie. Dritte Aufl., Göttingen, 1990

Zweig, Stefan: *Tagebücher*. Frankfurt a. M., 1993 (Taschenbuchausgabe)

2000 Jahre. Chronik der Weltgeschichte. München, o. J. (Aliena Verlag)

Stein, Werner: *Der große Kulturfahrplan*. Die wichtigsten Daten der Weltgeschichte bis heute in thematischer Übersicht. Politik, Wirtschaft, Kunst, Musik, Religion. München/Berlin, 1987 (Herbig Verlag)

Materialien aus dem Internet:

http://www.sub.uni-hamburg.de/informationen/sondersammlungen/borchert.html#top
(Das Wolfgang-Borchert-Archiv in der Staats- und Universitätsbibliothek Hamburg)

http://www.rrz.uni-hamburg.de/Borchert/
(Homepage der Internationalen Wolfgang-Borchert-Gesellschaft, mit Terminkalender, Links und Galerie)

http://www.ub.fu-berlin.de/internetquellen/fachinformation/germanistik/autoren/multi_ab/borchert.html
(Auf der Site der Universitätsbibliothek FU Berlin findet man eine Fülle weiterführender Links.)

Hörbuch unter
www.winstore.de, u.a. Wolfgang Borchert-CD. Kurzgeschichten und Gedichte. Sprecher: Günther Döckerill. Eckert-Verlag, Kiel.

Draußen vor der Tür – Verfilmung:

Liebe 47. BRD 1948/49.
Regie und Drehbuch: Wolfgang Liebeneiner.